安徽省哲学社会科学规划一般项目"淮河生态经济带乡村振兴中社会生态系统适应性治理研究"（项目编号：AHSKY2020D08）

淮河生态经济带

乡村振兴中社会生态系统适应性治理研究

陈　慧◎著

新 华 出 版 社

图书在版编目（CIP）数据

淮河生态经济带乡村振兴中社会生态系统适应性治理
研究 / 陈慧著. -- 北京：新华出版社, 2024. 10.
ISBN 978-7-5166-7671-4

Ⅰ. F320.3；X321.2

中国国家版本馆CIP数据核字第20246CJ719号

淮河生态经济带乡村振兴中社会生态系统适应性治理研究

作者： 陈　慧
责任编辑： 蒋小云
出版发行： 新华出版社有限责任公司
（北京市石景山区京原路8号　邮编：100040）
印刷： 北京亚吉飞数码科技有限公司

成品尺寸： 170mm×240mm　1/16　　**印张：** 15　**字数：** 238千字
版次： 2025年4月第1版　　　　　　　　**印次：** 2025年4月第1次印刷
书号： ISBN 978-7-5166-7671-4　　　　**定价：** 98.00元

微店　　视频号小店　　抖店　　京东旗舰店

微信公众号　　喜马拉雅　　小红书　　淘宝旗舰店　　扫码添加专属客服

前　言

　　淮河流域地处中原腹地，是连接东西、贯通南北的重要交通走廊，是中国未来发展的重要支撑区之一。同时，淮河流域也是我国重要的生态功能区和中部崛起的生态屏障，其生态保护和高质量发展水平直接关系到国家的繁荣昌盛和长治久安。淮河生态经济带整体位于南北气候过渡带，生物多样性丰富，生态系统相对稳定，是我国的商品粮食基地和棉花、油料、水果等的主要产地，矿产资源储量丰富，有较大的发展潜力，但淮河生态经济带人均GDP相对全国平均水平偏低，整体经济实力偏弱，是一个经济发展水平相对落后的地区。2018年，《淮河生态经济带发展规划》获得国务院批复，提出要将生态文明建设、特色产业发展、新型城市建设与中东部发展先行区作为淮河生态经济带发展的战略目标，力图建立一个生态与经济并行和谐发展的特色经济区，这为淮河经济带流域在生态环境治理、产业优化升级、推进绿色发展等方面带来重大机遇，开启了淮河生态经济带发展的新篇章，但目前淮河生态经济带存在自然资源遭到过度开发，气候系统异常变化、生态系统遭到破坏等问题。社会生态系统以其多尺度、多维度、动态性等特征逐渐成为社会学领域和生态学领域的研究焦点。

　　社会生态系统由许多小的耦合系统组成，这些系统相互连接，在不断发展演化下变成一组相互连接的复杂适应性系统。社会和生态两个子系统相互作用，在多个相互关联的尺度上创造了动态反馈循环。社会生态系统为理解自然和人类系统之间的过程和复杂作用提供了一个科学框架，奥斯特罗姆认为社会生态系统主要由四个子系统及其相互作用组成，分别是资源系统、资源单位、用户和治理系统。社会生态系统的应用领域较广，涵盖农业、流域发展、旅游开发、水资源、土地资源、草原管理、海洋、渔业、景观规划等各个领域。目前国内外对社会生态系统的研究在已有早期概念性框架的基础上，在理论和应用领域方面都进行了拓展，在旅游城市发展、乡村振兴、城乡治理、政策制定、农户适应行为等领域，结合适应性治理、变革性治理、韧性、脆弱性等相关研究热点，社会生态系统研究框架在实地分析领域得到不断发展。

目前关于社会生态系统的研究主要集中在韧性、适应性、脆弱性等方面，很少有研究能够关注乡村振兴中社会生态系统的适应性治理，能够形成完整的社会生态系统适应性循环分析体系，并且对于社会生态系统的研究较为零散，未能有效整合。基于此，本书将淮河生态经济带各市社会发展现状与生态环境相结合，运用社会生态系统分析框架对淮河生态经济带社会生态系统的耦合过程、发展状态、有序性演变过程、韧性演变过程以及适应性的动态演进进行研究，确定社会生态系统的适应性循环阶段，提出提高淮河生态经济带适应性治理、促进该地区社会生态系统健康发展的针对性对策，对淮河生态经济带社会稳定、可持续发展具有重要的理论意义和现实意义。

本书依托于安徽省哲学社会科学规划一般项目"淮河生态经济带乡村振兴中社会生态系统适应性治理研究"（项目编号：AHSKY2020D08），是课题的主要成果。感谢参与课题研究的硕士研究生陈立佳、杜晓庆、陈江涛、吴慧芹、赵文瑾、肖瑶、聂璇、刘雨嘉等。感谢出版社为此书出版所付出的大量辛勤劳动！在本书的撰写过程中，作者不仅参阅、引用了很多国内外相关文献资料，而且得到了同事亲朋的鼎力相助，在此一并表示衷心的感谢。由于作者水平有限，书中疏漏之处在所难免，恳请同行专家以及广大读者批评指正。

作　者

2024年8月

目　录

第一章 绪 论

第一节 研究背景

伴随着经济的发展，人民的生活水平得到了显著的提高，但经济发展的同时也对生态环境造成了巨大的影响，如何协调社会发展与生态保护就成了难点。淮河流域地处我国地理南北交界处，地跨河南、湖北、安徽、江苏和山东5个省份的28座城市，占地总面积达到24万平方公里，人口共计超过1.4亿，流域人口密集，土地肥沃，资源富集，交通便利，是我国重要的粮食生产基地、能源矿产基地和制造业基地，也是国家实施鼓励东部率先发展、促进中部崛起战略的重要区域，在我国经济社会发展全局中占有十分重要的地位。2018年10月18日，《淮河生态经济带发展规划》[1]获得国务院批复，提出要将生态文明建设、特色产业发展、新型城市建设与中东部发展先行区作为淮河生态经济带发展的战略目标，力图建立一个生态与经济并行和谐发展的特色经济区。这为淮河经济带流域在生态环境治理、产业优化升级、推进绿色发展等方面带来重大机遇，开启了淮河生态经济带发展的新篇章，但同时也给淮河流域生态带来一些挑战。伴随着人类社会的超速发展，自然资源遭到过度开发，出现了全球气候变暖、气候系统异常变化、生态系统遭到破坏等问题。以社会生态系统的多尺度、多维度、动态性等特征为基础，对当前社会发展和生态环境问题进行深入探究，逐渐成为社会学领域和生态学领域的研究焦点。

社会生态系统（Social-ecological system, SES）是由社会子系统和生态子系统及子系统之间的相互作用构成的复杂系统，相比于社会子系统和生态子系统，具有独特的结构、功能和复杂特征。社会生态系统将人和自然生态密切结合，大系统内又包含具有自身特色的子系统，子系统与子系统之间也存在相互作用的关系，在不同层级系统之间的不断作用中，整个社会生态系统演变成一个巨型复杂适应系统。

复杂适应系统理论主要是为了对复杂现象和问题进行探讨分析。复杂适应系统理论强调运用整体和部分相结合的方法来分析复杂系统中不同组成部分之间的相互作用关系。而社会生态系统是一种典型的复杂系统，复杂适应系统理论为研究社会生态系统提供了新思路。当前全球社会生态系统面临诸多挑战，气候变化、生物多样性减少、环境污染等都对人类生存和发展造成巨大影响。适应性是系统在面临外界扰动时的响应和不断调整的过程。本书在通过研究社会生态系统耦合、发展状态、有序性情况和韧性演变的基础上，基于适应性视角，分析淮河生态经济带的社会生态系统适应性在面临外界环境变化和扰动下的动态演化过程，探寻影响淮河生态经济带社会生态系统适应性格局变化的驱动因子，对淮河生态经济带社会生态系统的稳定和社会健康可持续发展具有重要意义。

第二节　研究意义

本书将淮河生态经济带各市社会发展现状与生态环境相结合，运用社会生态系统分析框架对淮河生态经济带社会生态系统的耦合过程、发展状态、有序性演变过程、韧性演变过程以及适应性的动态演进进行研究，并针对动态演进特征，提出为提高淮河生态经济带稳定性，促进该地区社会生态系统健康发展的针对性治理对策，对淮河生态经济带社会稳定可持续发展具有重要的理论意义和现实意义。

一、理论意义

基于社会生态系统理论框架，从社会生态系统耦合、状态、有序性、韧性以及适应性视角出发，分别构建了社会生态系统评价指标体系，通过对淮河生态经济带各层级社会生态系统的耦合水平、状态水平、有序性水平、韧性水平以及适应性水平进行测度，分析淮河生态经济带各指标要素之间的相互作用关系，将研究的焦点聚集在淮河生态经济带社会生态系统适应性评价和动态演进方面，以定量方式对系统的适应性进行综合评价，从宏观角度对淮河生态经济带区域系统的内部时空发展规律进行综合分析，寻求增强该地区社会生态系统稳定性及可持续性的管理对策。本书充实了社会生态系统研究理论与方法体系，充实了淮河生态经济带社会生态系统的相关研究内容。

二、现实意义

国内目前在关于社会生态系统研究已经有部分研究成果，但相对于淮河生态经济带区域而言，仍然存在着指标体系构建不够完整、研究尺度较大、案例较少等问题。因此，本书针对淮河生态经济带地区，较为系统地研究了淮河经济带社会生态系统的耦合过程、状态水平、有序性程度、韧性水平以及适应性演变过程，并对淮河生态经济带社会生态系统适应性的循环演化过程进行分析，针对社会生态系统发展中存在的问题提出针对性建议，对淮河生态经济带的城市在制定社会、经济、生态等发展政策时具有重要的借鉴意义。

第三节　研究内容与方法

一、研究内容

本书研究的内容是淮河生态经济带社会生态系统的适应性治理。通过构建社会生态系统耦合发展、状态量化、有序性、韧性以及适应性评价指标体系，对淮河生态经济带社会生态系统各方面属性进行测度，根据测度得到的结果再对淮河生态经济带社会生态系统各方面的发展水平进行分析。本书的研究内容主要分为以下部分：

（一）社会生态系统耦合发展时空分析及驱动因素研究

在使用DEA模型对中国淮河经济带地级市2005、2010、2015与2020四年社会生态系统测度的基础上，综合运用耦合协调模型来分析社会、经济及生态三大子系统的耦合协调及其时空演进特征，再结合地理探测器模型来分析驱动三大子系统耦合协调的影响因子，并对影响因子进行定性和定量研究。通过综合分析驱动淮河生态经济带各城市的社会、经济和生态环境耦合协调发展的影响因素，进一步为淮河经济带区域可持续发展提出相应的建议。

（二）社会生态系统状态量化研究

将淮河生态经济带范围内的地级市作为研究单位，以2005、2010、2015、2020年为研究时点，从社会生态系统活动无序度和空间承载力2个层面来建立社会生态系统状态量化指标体系。为深入贯彻落实新发展理念，推动形成人与自然和谐发展的现代化建设新发展格局，从而引导社会生态系统向更加有序的方向演化与可持续发展提供理论支撑。

（三）社会生态系统有序性研究

应用耗散结构系统熵理论与方法，从社会生态系统的主体、客体和环境三要素入手构建指标体系，计算淮河生态经济带社会生态系统2005、2010、2015和2020年的关联熵和运行熵，其中关联熵用来测度系统内部结构的有序性，运行熵用来衡量系统整体运行的有序性，以此来测算淮河生态经济带社会生态系统的运行状态，根据测算结果提出针对性建议来促进淮河生态经济带社会生态系统有序健康发展。

（四）社会生态系统韧性时空分析及影响因素研究

基于PSR理论构建社会生态系统韧性评价指标体系，通过熵值法对淮河生态经济带各城市2005、2010、2015、2020年的压力韧性、状态韧性、响应韧性以及系统韧性进行测算，反映其韧性的时间变化，并结合ArcGIS技术对淮河生态经济带社会生态系统韧性的时空差异进行分析，最后运用地理探测器模型探究影响社会生态系统韧性水平的因素，对影响因素进行深入分析。

（五）社会生态系统适应性指标体系构建

淮河生态经济带社会生态系统是大型综合复杂系统，涉及要素众多，只有综合分析，构建合理的社会生态系统适应性指标体系，才能对其发展运行规律进行把握。因此，本章主要通过文献分析法从文献中初筛指标，采用德尔菲法向专家发放多轮问卷进行指标筛选后建立指标体系，最后通过熵权法对指标进行赋权。

（六）淮河生态经济带社会生态系统的适应性演化过程分析

淮河生态经济带社会生态系统的适应性演化过程包括：根据2005—2020年的时间序列数据对淮河生态经济带社会生态系统进行时间序列分析，根据

2005、2010、2015、2020年截面数据对淮河生态经济带社会生态系统及不同空间单元适应性空间格局动态演化过程进行测度分析，通过Arcgis Map软件对淮河生态经济带四年的适应性进行可视化绘图，以直观显示淮河生态经济带社会生态系统适应性演化过程，并根据适应性测度结果，利用障碍度模型识别主要影响因子，对影响淮河生态经济带社会生态系统适应性格局变化的驱动因子进行分析，探究淮河生态经济带社会生态系统适应性格局动态演变的驱动机制。

（七）淮河生态经济带社会生态系统交互适应循环阶段解析

基于淮河生态经济带尺度和城市尺度对淮河生态经济带2005—2020年交互适应循环过程分析，这是基于适应性时空变化规律及其成因梳理的分析，是淮河生态经济带社会生态系统应对外部压力的综合适应性表现，探究当前淮河生态经济带所处的发展阶段，为提出淮河生态经济带适应性的针对性对策建立基本依据。

二、研究方法

（一）文献分析法

通过知网、Web Of Science、万方等数据库，整理与社会生态系统、适应性、脆弱性等相关理论研究成果，在充分理解复杂适应系统理论和PSR理论的基础上，结合国内外关于社会生态系统研究现状和淮河生态经济带现实基础，构建社会生态系统耦合发展、状态量化、有序性、韧性以及适应性评价指标体系，为淮河生态经济带社会生态系统适应性的定量测度以及交互适应性循环阶段分析提供理论支持。

（二）数据包络分析

DEA方法即数据包络分析法（Data Envelopment Analysis），是由运筹学家A. Charnes和W. W. Cooper等通过相对效率概念发展起来的非参数效率评价方法，数据包络分析能很好地阐释投入和产出的关系。该方法可以应用于测算评价多个决策单元的效率，还适用于多投入与多产出的情况，是运筹学和经济生产结合的一种方法，因此也可以称为投入产出效率分析法。该方法主要目的是评价各决策单元在相应的投入条件下能够实现的产出水平效率的高低。简单来说，数据包络分析是通过将决策单元与参考单元进行对比，测算决策单元偏离生产前沿面的程度来确定其相对效率。

（三）耦合协调度

耦合协调度模型是用来分析不同事物之间的协调发展水平。耦合度指的是两个或两个以上系统之间的相互作用影响，能够反映实现协调发展的动态关联关系，也可以反映不同系统之间相互依赖制约的程度。协调度指的是耦合作用关系中良性耦合程度的大小，它反映的是协调状况的好坏。

（四）极差标准化方法

社会生态系统评价指标体系中的各指标单位与数量各不相同，缺乏可比性。需要对原始数据进行标准化处理，使其转化成无量纲化指标，便于后续对淮河生态经济带社会生态系统各个属性进行综合分析。

（五）熵值法

"熵"最先是由热力学奠基人克劳修斯提出，其本质上是来反映一个系统内部的混乱程度。在测算评价指标权重的众多方法中，熵值法更加符合数学规律并且具有严格的数学意义，因此在社会经济领域得到广泛的运用，该方法不反映决策者的主观意图，因而更具有客观性。本书通过熵值法来确定指标权重，构建评价指标体系。

（六）地理探测器

地理探测器由地理信息专家王劲峰首次提出，地理探测器根据其功能可分为因子探测、交互作用探测器、风险探测器与生态探测器，在地区分异和空间格局演化等领域得到广泛应用，是分析其背后驱动因子作用的空间统计分析方法。该模型通过假设某个自变量对某个因变量有重要影响，那么自变量与因变量的空间分布同样也具有相似性，可以用于探测影响因子、测度空间分异情况以及分析变量之间的交互关系。

（七）德尔菲法

德尔菲法即专家调查法，它是一种由研究人员分别向数位相应研究领域专家征询意见的调查方法。德尔菲法是通过采取匿名的方式，在确定研究主题的情况下，向专家发放问卷以收集所要征询问题的意见，对意见进行整体归纳统计，并再次向专家发放问卷征求意见，直至专家们的意见趋于统一。

（八）障碍度模型

障碍度模型主要通过计算评价体系中各个指标对于整体的障碍度，辨析影响社会生态系统适应性的主要影响因子，知悉主要影响因素的影响程度，为淮河生态经济带社会生态系统的正向演化提供科学依据。障碍度模型主要通过因子贡献度、指标偏离度和障碍度进行分析。

（九）灰色系统预测模型

灰色系统预测模型是基于已知的少量信息建立数学模型来进行预测的一种方法。建模过程中通常要求信息量小，操作方便，建模精度高。该方法已被广泛应用于各种预测领域，是小样本预测的常用工具。由于其适应于短时

期序列、小数据和不完全信息的分析和建模，灰色系统预测模型主要是通过利用不完全信息，对事物的发展趋势做出合理预测。GM（1,1）模型是一种最常用的灰色预测模型，能对变量发展趋势做出精准评估。

（十）聚类分析

聚类分析是将探索一个对象样本集合中的自然分组作为目标。人们在观察和分析某个事物的过程中，通常会将观察对象分为不同的类型。但从统计学的角度来说，聚类分析又有不同的描述，一般将聚类分析解释为：聚类（Clustering）是通过某个特定标准把一个数据集分成不同的类或簇，使同一个簇内数据的相似性尽可能大，同时在不同的簇中数据的差异性也尽可能大。即通过聚类后，同一类的数据尽可能聚集到一起，不同类数据尽量分离。从机器学习的角度来看，簇相当于隐藏模式。聚类是搜索簇的无监督学习过程。从实际应用的角度来看，聚类分析是数据预处理（降维）和信息挖掘的主要任务之一。

第四节 研究区概况

淮河流域邻接中原腹地，地理上是连接东西、贯通南北的重要交通走廊，是中国未来发展的重要支撑区之一。同时，淮河流域是我国重要的生态功能区和中部崛起的生态屏障，其生态保护和高质量发展水平直接关系到国家的繁荣昌盛和长治久安。

淮河生态经济带主要以淮河干流、一级支流以及下游沂沭泗水系流经的地区为规划范围，地图上位于东经111°55′—121°20′，北纬30°55′—36°20′之间，淮河经济带整体贯通黄淮平原，位于我国中部和东部地区之间，是长三角经济发展向内陆辐射的重要承接区域，但经济发展总体相对滞后，是我国中东部最具发展潜力的地区之一，在我国社会和经济发展的整体格局中具有重要意义。

淮河生态经济带地理位置优越，贯通黄淮平原、连接中东部，水系相通，通江达海，与长江经济带地域相连，交通发达，京沪、京广、京九等国家骨干铁路和长深、沈海等高速公路都在此交会，水运畅通，淮河水系通航里程约2300公里，京杭大运河、淮河干流及主要支流航运都较为发达。

淮河生态经济带区域位于我国南北气候的过渡带，生物多样性丰富，四季分明，平原面积广阔，生态系统稳定，农业生产较为发达，是我国重要的商品粮食基地，同时也是棉花、油料、水果、蔬菜等重要产区，湖泊众多，水系发达，因此水产养殖业和畜牧业潜力巨大，矿产资源储量丰富、品种繁多，同时也是华东地区重要的煤炭和能源基地。

淮河生态经济带主要包括江苏、安徽、山东、河南和湖北在内的5省28个地级市，区域规划面积为24.3万平方公里，2021年区域内年末常住人口为1.59亿，地区生产总值为9.8372万亿元。根据《淮河生态经济带发展规划》，淮河生态经济带可划分为三大区域，分别为东部海江河湖联动区、北部淮海经济区和中西部内陆崛起区，如表1-1所示。

表1-1　淮河生态经济带三大区域行政划分

划分区域	地级市
东部海江河湖联动区	泰州、滁州、淮安、盐城、扬州
北部淮海经济区	临沂、菏泽、徐州、连云港、宿迁、枣庄、济宁、宿州、淮北、商丘
中西部内陆崛起区	六安、亳州、蚌埠、信阳、驻马店、周口、淮南、阜阳、漯河、平顶山、南阳、随州、孝感

本书在对淮河生态经济带乡村振兴中社会生态系统适应性进行系统分析时，以淮河生态经济带26个地级市为样本，考虑到城乡融合发展的背景和区域社会生态系统的统一性和整体性，本书不区分乡村与城市，而从上述三大区域和各地级市的尺度对淮河生态经济带适应性进行研究。

第二章　文献综述和理论基础

第一节　文献综述

一、社会生态系统

　　近年来，随着城市化进程的不断加快，生态环境在为社会发展提供资源和条件的同时，也在经受着社会发展带来的一系列影响，社会经济发展和生态环境发展存在一定的矛盾和冲突。Garrit Hadin于1968年提出"公地悲剧"，主张"公共资源的过度开发会致使资源枯竭的悲剧"[2]。

　　社会生态系统是人地研究关系不断发展的产物，人地关系一直是地理学备受争论的核心[3]。然而，地理学的研究中经常忽视社会科学中的人文因素，就像社会科学的研究中往往忽视自然环境因素一样。人与自然之间的有机联系一直是学术界探索的研究方向。1980年至今，越来越多的学者意识到应该探索社会系统和生态系统的耦合关系，以更全面地分析人地关系的运行机制。随着自然生态学和人文社科学科的不断发展，Holling较早地提出了社会生态系统的概念[4]。他认为社会生态系统是由复杂且动态的自然生态系统与相互依存的社会系统形成的人地关系的耦合。社会生态系统包括在一定空间内的生态环境及其相关的社会行为主体[5]。Gumming等人将社会生态系统定义为社会与生态结合的复杂系统，由人和地相互依存组成的有机体，社会是"与他人或其同龄人合作或相互依存的人际关系"[6]。社会生态系统（Social-Ecological System, SES）是由社会子系统和生态子系统以及两者之间的交互作用所构成，相比于社会子系统和生态子系统，具有独特的结构、功能和复杂特征[7]。

社会生态系统由许多小的耦合系统组成，这些系统相互连接，在不断发展演化下变成一组相互连接的复杂适应性系统[8]。社会和生态两个子系统之间通过相互作用，在多个相互关联的尺度上创造了动态反馈机制。社会生态系统为理解自然和人类系统之间的过程和复杂作用提供了一个科学框架。近年来，人们越来越认识到，强调人与环境的关系导致了SES模型中"社会"的理论化薄弱。在当前围绕SES模型社会方面的大量讨论中，一个突出的主题是强调社会生活和社会过程的复杂性[9]。因此，进一步了解社会生态系统动态的跨学科研究框架和方法对于设计更有效的政策和干预措施以应对可持续性挑战至关重要[10]。

奥斯特罗姆认为社会生态系统主要由四个子系统及其相互作用组成，分别是资源系统、资源单位、用户和治理系统[8]。社会生态系统的应用领域较广，涵盖农业、流域发展、旅游开发[11]、水资源、土地资源、草原管理、海洋、海岸、渔业、景观规划等各个领域[12]。目前国内外对社会生态系统的研究在已有早期概念性框架的基础上，对社会生态系统在理论和应用领域方面都进行了拓展，在旅游城市发展[13]、乡村振兴[14]、城乡治理[15][16]、政策制定[17]、农户适应行为[18]等领域，结合适应性治理、变革性治理[19]、韧性、脆弱性等相关研究热点，社会生态系统研究框架在实地分析领域得到不断发展。由此可见，强调整合生态学、地理学和社会学领域的研究方向是未来研究区域人与地方关系和可持续发展的重要发展趋势。总体来说，社会生态系统理论的核心是从系统集成的角度探索区域人地关系，整合多学科领域，强调局部可持续发展，这是人与环境相互作用和共同进化的结果[20][21][22][23]。

二、韧性

"韧性"理念最先运用到生态系统领域是1973年Holling在《生态系统的韧性和稳定性》中将韧性描述为生态系统遭受外部冲击时维持稳定状态，也被认为与脆弱性是同一事物的两个方面[4]。此后，越来越多的学者展开了生态的韧性研究。研究社会生态系统韧性主要包括：第一，对社会生态系统韧性的概念、内涵等进行了梳理，为后续的研究打下理论基础。Reggiani等人在Holling、Pimms和Perrings在经济生态建模背景下探讨了弹性概念的"演变"以及韧性在社会生态系统中的相关性，认为韧性是理解复杂系统发展路径的潜在有效工具[24]。Cinner等人认为韧性的社会层面对于理解气候变化等环境变化对社会生态系统的影响至关重要，并介绍了在社会生态系统中提供弹性的关键社会因素，使我们具备支持或建立脆弱系统韧性的知识[25]。Sterk等人重点阐述了韧性如何指导多个学科理解和管理社会生态系统，并认为韧性的概念可以运用在复杂的社会生态系统中[26]。第二，通过对不同的社会生态系统韧性进行评价，分析社会生态系统发展的特点，总结出提升社会生态系统韧性的关键要素。Mallick等人研究了印度西米利帕尔生物圈保护区内部落家庭花园的社会生态系统，认为社会生态系统韧性在促进生物多样性和可持续性方面具有重要作用[27]。Wang等人通过对干旱地区的旅游社会生态系统案例，采用改进的TOPSIS模型、基尼系数、核密度估计和障碍度模型研究了干旱地区的旅游社会生态系统韧性的水平、时空变化和障碍因素，认为社会生态系统韧性的发展能够实现可持续的旅游业发展[28]。Liu等人基于社会生态系统理论，为理解农村人居环境的韧性建立了理论框架。在此框架的基础上，构建了一个跨三个维度评估弹性的指标系统来分析了农村人居坏境的韧性水平以及这些子系统之间的相互作用，认为社会生态系统理论可以指导韧性评价，要从系统视角来研究社会生态系统[29]。第三，通过分析社会生态系统韧性的特点，并且提出提升社会生态系统韧性的具体性建议。Qiao等人研究了中国东北国家林区的社会生态韧性，认为要实现可持续管理，必须使生态动态与社会需求保持一致，要强调基于自然的解决方案[30]。Ochs等人讨论了密西西比河下游生态系统的水文和洪泛区社会生态系统韧性和生态系统服务的关系，认为维持社会生态系统韧性水平是非常必要的，最后讨论了在社会利益冲突的背景下加强和保护弹性服务的恢复方案[31]。

国内关于社会生态系统的韧性研究其中就包括对社会生态系统韧性的评价研究，主要通过评价社会生态系统韧性的特点，来了解该社会生态系统的发展情况。刘晖等人利用熵值法对2002—2016年延边朝鲜族自治州8个县市韧性进行实证分析，认为城市韧性能维持社会生态系统稳定，并在人与自然系统中不断增强城市的抗打击和干扰能力[32]。孙阳等人通过对长三角地区16个地级城市韧性进行实证分析，认为城市韧性包含对突发状况的应对以及长期适应风险能力的特性，城市韧性越高，发生脆弱的可能性就越低，抗冲击能力与吸收能力就越强[33]。岳俞余等人对汤阴县乡村聚落社会生态系统发展演变进行评价，认为通过韧性评价能更有针对性地提出培育乡村聚落社会生态系统的策略与方法，系统衰败和重构阶段是培育系统韧性的最佳时机[34]。另外，还有一部分学者聚焦于如何提升社会生态系统的韧性，通过分析社会生态系统的韧性特点，并提出提升韧性的具体建议。孟海星认为新常态下增强社区应对未来不确定性风险的能力，应在学习和吸收过往经验基础上，结合社区社会—生态系统特征，注重平时长期性的社区韧性培育和提升[35]。还有学者通过研究社会生态系统韧性的演化机理，通过深入理解韧性演化规律，推动该地区社会生态系统健康发展。宋永永等人通过研究能源富集区社会—生态系统韧性演化规律及其机理，认为能源富集区社会生态系统韧性提升与可持续转型对中国式现代化建设具有不可替代的战略支撑作用，而如何协调能源富集区人口、资源、环境与发展之间的关系，推动形成区域社会生态系统协调发展新格局，是亟须解决的科学命题[36]。此外，社会生态系统韧性的影响因素分析也成为趋势，通过分析影响社会生态系统韧性的驱动因素，并探索其背后存在的影响机理，就能相应提出具体的措施来提升社会生态系统的韧性。杜钟婧等人认为研究长三角城市群旅游地社会—生态系统韧性的时空跃迁特征与驱动因素，对于强化城市群旅游治理水平和风险防控能力，打造高质量、强韧性城市旅游发展示范区具有显著意义[37]。

三、脆弱性

韧性、脆弱性和适应力是SES在应用过程中必须理解的三个主要概念[38]。这些概念最初来自不同的领域，但已被广泛用作分析社会和生态系统内部及二者之间的联系。韧性、脆弱性和适应力之间存在着交叉的联系，但在研究过程中对概念未达成共识。

脆弱性的概念起源于对自然灾害的研究，Tinmenman于1981年首次将脆弱性的概念引入人文社科领域[39]。1990年后，国际科学计划和机构，如IGBP、IHDP和IPCC，开始将脆弱性作为系统重要的研究部分。从那时起，脆弱性研究逐渐成为全球可持续发展领域的热门话题。脆弱性的概念与内涵在学术界并未达成共识，在不同领域有一定的差异性。脆弱性通常被定义为"遭受不利影响的可能性"[40]。在灾害学方面，脆弱性通常是指社会经济系统在遭受外界灾害的情况下，系统能够抵御应对和恢复的能力。在生态学领域，脆弱性是指系统在气候变化下系统做出的可能性响应[41]。在社会生态系统领域中，脆弱性被定义为面临压力状态下社会生态系统的敏感程度和应对能力[42]。

国内对于社会生态系统脆弱性的研究相对较晚，国内学者在借鉴国外研究基础上，着重于对城市流域的发展演化或为政府政策制定决策提供依据。1989年，牛文元首次引入了关于社会生态系统的相关概念并将其定义为"生态系统脆弱带"[43]。国内对于社会生态系统脆弱性的研究多从生态脆弱性视角出发，以解决气候变化[44],[45],[46]、自然灾害[47]等外界扰动下的区域治理问题。任国平以都市郊区社会生态系统脆弱性为研究对象，对其主要影响因素进行了分析[48]。薛倩对现有关于高温热浪脆弱性的研究进行了梳理，为城市面对该气候灾害时提供了应对对策[49]。特殊生态功能区的生态脆弱性研究也是国内学者的研究热点[50]，如海湾景观[51]、喀斯特区域[52]、重点水土流失区[53]、大型湖泊[54]等区域。从微观尺度以系统中的个体为研究对象也是社会生态系统的研究热点，如卫宇曦对脱贫地区社会—生态系统脆弱性及其影响因素进行研究分析，并提出了针对性的治理意见[55]。尹莎对当前社会与环境飞速变化背景下的农户的适应行为与影响机理进行分析[56]。唐红林对从全面脱贫战略转换为乡村振兴战略背景下干旱区的乡村农户的适应演化过程进行分析[57]。余中元结合"压力—状态—响应"模型和"暴露度—敏感性—恢复力"模型，对滇池的社会生态系统脆弱性及其驱动机制进行探究，为湖泊治理提供了普适性理论基础[42]。

在对脆弱性进行评价时，目前的方法主要通过构建风险驱动因素来区分脆弱性的多个维度。将社会系统和生态系统视为单独的单位，通过指标体系识别脆弱性[58]。地理空间方法在进行脆弱性评估及后续管理方面也有着很大的应用意义。例如，使用地理信息系统（GIS）整合和分析空间数据，通过遥感对各地进行监测和测绘。近年来，生态系统服务制图也得到了发展，结合了各种空间数据，以不同尺度将生态系统服务流映射到社会系统。这种标准化已广泛应用于生态系统服务研究，为自然资源的可持续管理提供了科学指导[59]。

当前，脆弱性研究分析框架主要经历了以下几个阶段：第一，从单因素干扰研究转向多因素干扰及其相互作用研究；第二，从静态研究转向多反馈、动态研究；第三，从单一自然或社会系统研究转向社会生态系统研究。相关研究方法也不断丰富，主要包括复合指数法、模糊物元法、情景分析法和3S（GIS、RS和GPS）技术[60]。SES在特殊领域的脆弱性被认为是可持续发展研究的核心问题[61]。

脆弱性研究现已在城市脆弱性测度[62]、自然灾害评价[63]、精准脱贫[64]、经济建设[65]等方面研究成果显著。

四、适应性

适应性概念最早出现在气候变化领域[66]。目前适应性的概念已经在社科领域中尤其是气候变化的主题下被广泛使用。David Brooks将适应性定义为"系统在遭受压力时，整体通过不断适应调整，不断提高面对外部压力的适应能力"[67]。Barry Smit将适应性定义为系统在面对压力时，通过对社会、经济和生态子系统的调整来响应压力刺激及其作用[68]。广义适应性是指系统在

面对外界压力下的应对和调整的行为。适应性主要用来描述系统在环境的刺激下所做出的反应，在这个过程中，主体不断适应和进化[69]。

世界上许多重大科学计划都将适应性作为人类应对气候变化的重要标准[70]。与此同时，各国也制定了一系列基于自身国情的适应性国家战略。他们在适应性风险管理[71]和产业部门政策规划[72]等领域进行了实践和探索。Pedersen Zari M.等将社会系统、经济系统和自然系统结合起来研究复杂生态系统的适应性[73]。社会生态系统内部的子系统的物质、信息和能量交换过程符合社会生态系统的基本规律。在复杂的社会生态系统研究背景下，Goncalves Catarina在前人研究的基础上进一步研究了社会经济系统与环境生态系统之间的适应性[74]。李波将适应性概念引入海洋生态系统，深入研究了人海经济系统与环境系统的适应性。梁晨将适应性概念引入城市规划领域，探讨了城市边缘区在动态演化过程中的困境反思和范式转型[75]。刘丽梅在当前乡村振兴背景下研究了农牧户在发展旅游经济过程的适应性研究[76]。匡远配基于城镇安置模式下易地搬迁对搬迁农户社会适应性进行测算分析，探寻影响搬迁农户适应性的主要影响因素[77]。

国外学者对社会生态系统脆弱性和适应性往往放在一起研究，国内学者多将脆弱性和适应性进行区分。脆弱性更多关注系统在面对外界压力时受到的负面影响。而适应性更多关注在面对压力时系统的响应调整过程。通俗来讲，脆弱性反映系统面对压力下"存储"的适应能力的抵御程度，而适应性则是反映系统面对压力时不断产生适应能力抵御压力的强度。

总体而言，目前有关适应性的研究范围已逐渐从自然系统扩展到社会经济生态复合系统的适应性。而适应的目标也从最初的避免危害的适应转为利润导向的适应。适应机制也从开始的被动适应转向主动适应，适应时效从短期应急适应扩展到中长期适应。

17

第二节　概念辨析

一、社会生态系统

Holling在2001年首次提出了社会生态系统的概念，他主张社会生态系统是一个人与自然密切联系紧密结合的复杂适应系统，不仅受到自身稳定发展的影响，还面临外界的干扰，社会生态系统表现出不可预期、动态性、复杂性、自组织、多稳定等特征。

奥斯特罗姆认为社会生态系统主要由四个子系统及其相互作用组成，分别是资源系统、资源单位、用户和治理系统，具有不同于社会系统或生态系统的结构和功能，是典型的复杂适应性系统[78]。目前，学术界对于社会生态系统已经达成普遍共识，即社会生态系统是一个复杂的动态系统，由社会子系统、生态子系统及二者的交互作用构成，具有不同于二者所单独具有的结构和功能特征[79]。

二、韧性

韧性最早起源于拉丁语"resilio"，又被称为弹性、恢复力，其最初指的是恢复到原始的状态。如今随着韧性的重要性愈加凸显，更多学者通过将韧性引入不同的学科领域，并赋予其不同的概念定义。在经济学中，韧性可以是测量一个变量对另一个变量变化敏感度的数值；在生态学中，韧性通常描述"一个系统遭受意外干扰并经历变化后依旧基本保持其原有功能、结构及反馈的能力"；在材料力学中，韧性指的是抵抗物质和结构的疲劳，避免过度变形的能力。

1973年，Holling首次将韧性引入系统生态学中，表示生态系统受到扰动后恢复到稳定状态的能力[4]。之后又在生态系统的基础上再引入社会系统，形成了复合系统的社会生态韧性，其表示复合系统在遭受外在扰动因素时，并不会恢复到初始状态，而是激发出适应或改变这种变化的能力。韧性包含了系统恢复稳定状态的能力以及面对干扰的适应能力，系统始终处于动态非平衡状态，时刻发生变化进入循环阶段[80]。目前不同学者对韧性的定义也存在不同，但强调系统的稳定性、恢复能力和持续发展是共识。

三、适应性

适应性概念起源于达尔文的"适者生存"理念，达尔文首次提出生态适应的观念，用来解释生物进化与环境之间的因果关系。用以表达有机主体与环境之间的双向互动性和整体协调关系[81]。Steward首次将适应性概念引入人类社会系统研究领域，将其定义为"文化核心"，指社会生态系统在周边环境发生变化时，通过改变自身行为不断适应环境的模式[82]。

目前，适应性已经成为可持续科学领域炙手可热的研究主题。传统的适应性研究主要关注系统在面对外部风险或环境变化主体做出的响应调整，而从社会生态系统视角出发的适应性更强调在面对变化时从主体决策、行动到响应变化的全过程。通常认为适应都是个体或者系统为应对外界环境变化而做出响应、调整的过程[83]。适应性是主体为减少外界压力变化的负面干扰，调整其行为和系统结构的过程，以降低不利影响并保持系统优势状态的能力，反映了社会生态系统的适应能力、响应/调整和适应变化的过程[84]。

第三节　理论基础

一、有序性测度理论

熵是热力学中的一个重要概念，它描述了一个系统的混乱程度或无序程度。在物理学和信息论中，熵被用来衡量系统的不确定性或信息量。作为一种衡量系统结构有序性的重要概念，"熵增"原理指出：当系统内部的要素发生交互或受到外部环境的影响，使系统无法按照预期的目标有效地运行，出现混乱无序的状态，这将导致系统熵值增加。因此，通过测量系统的熵值，可以反映系统的有序性。

在耗散结构系统中，社会生态系统的有序性取决于两个方面：一是系统内部各要素之间的协同作用，包括各要素状态的合理性和相互关联性；二是系统与外部环境的互动。系统的结构有序性可以通过关联系数和关联熵来反映，关联熵越小则表示系统的结构越趋于稳定。而对于社会生态系统而言，社会生态系统的运行演变是由许多因素共同作用的结果，单一因素无法控制整体的发展。因此，必须通过量化处理来确定各个元素之间的相互关系，从而获得相应的关联熵。关联熵越大，系统内部结构越趋于混乱，有序性越低。而系统的运行有序性则可以通过运行熵来评估，运行熵越小表示系统运行越高效稳定。系统的有序性不仅取决于系统中各元素之间的相互作用，同时也有外部因素的影响，如果系统内部要素的作用模式或者强度发生了变化，或者它们所面临的外界因素超过了它们所允许的范围，那么这个系统将可能发生功能混乱、控制失常、效率低下等问题，从而从有序的状态转向混沌的状态。"信息熵"原理指出，运行熵是衡量系统运行状态的重要参数，它可以用来反映系统的有序性，即当运行熵较低时，系统偏离稳定状态的程度也就越小，系统的运行效率也会更高，从而系统的有序性越高。为了能够准确地评估系统的有序性，我们需要测度出它的关联熵和运行熵。综合考虑系统的整体结构和运行状态，只有当二者达到平衡时，系统才能保持有序运行状态。

二、复杂适应系统理论

复杂适应系统理论（CAS）由霍兰（J. H. Holland）于1994年提出[5]。复杂适应系统理论认为系统中的每个个体都具有动态性，个体之间相互作用，不断适应环境和其他个体的特性，个体在不断演化的同时，整个系统也演化成新的系统。复杂适应系统理论是系统科学的一个研究方向，强调用整体和部分相结合的方法分析复杂系统中的不同成员之间相互作用所表现出的特性。复杂适应系统是指系统在演化过程中，主体不断改变自身行为相互作用、适应并逐渐协调的代表性复杂系统。

复杂适应系统理论的一个基本概念是主体是具备适应能力的。霍兰通过研究发现，在系统中存在一系列由个体组成且个体之间都有特殊的性质。霍兰结合生态系统和经济学中代理人（agent）的概念，提出了适应性主体的概念：指系统中具有主动适应能力的个体。主要表现在适应性主体在系统中具有自己的目标、结构和发展动力。主体随着时间的变化不断发展进化，主体的特点就是在系统中不断学习成长。而在宏观层面上，系统内新层次的产生、分化，出现新的、不同个体结合产生新的主体等都是在主体具有适应能力基础上产生的。

适应性造就了复杂性是复杂适应系统理论的核心。人们从系统外部压力寻找复杂性转向从系统内部寻找造就复杂性的根源。最初的研究相对简单，仍按照之前的研究将研究对象被动地认为是静态的，没有目的和主动性。

霍兰在生物学的基础上，创新性地提出了适应性造就复杂性，认为"由主体适应性所产生的复杂性阻碍了我们解决世界上的重大问题"，在复杂性的研究思路上应该通过"适应性"来研究"复杂性"，即适应性造就复杂性。主要由以下几个方面说明：

（1）主体具有主动性和适应能力。CAS理论将系统内的不同要素看作为具有自身发展目标且能控制自己行为的主体。复杂适应系统演化的基本动因是个体的主动适应能力，将个体的主动适应能力作为研究系统宏观演化的出发点。

（2）系统演化的主要动力在于不同主体与环境之间的相互影响作用。个体作为整体的一部分，并非孤立存在，个体之间的相互作用带来整个系统的复杂性。在个体相互作用之下，系统不断涌现出新的层次和功能。而每个个体的变化也不尽相同，使整体的功能不断演化，系统进化过程更为复杂。

（3）宏观与微观的有机统一。宏观层面表现为主体、个体与环境之间的相互作用，微观层面表现为个体之间的相互作用，整体系统在宏观和微观的层面上都具有主动性和适应性。

（4）引入了随机因素。CAS理论利用遗传算法处理随机因素，使其更具有表述能力。随机因素不仅影响系统状态，还影响着系统的组织结构和行为方式。

本书的研究对象是淮河生态经济带，在宏观层面上是淮河生态经济带整个区域，在微观层面上是二十八个地级市不断发展变化使得区域整体发生变化。通过对复杂适应性系统理论的自身特点进行阐述，可以为淮河生态经济带社会生态系统适应性动态演进提供研究思路。复杂适应系统有着不同于一般复杂系统的特点：（1）层次分明；（2）层间相对独立；（3）主体适应性；（4）并发性。这也与社会生态系统理论的特点相交叉契合。

三、PSR理论

PSR（Pressure-State-Response）理论模型是指压力—状态—响应模型，是探究环境变化因果关系的有效工具，于1979年被Rapport首次提出，于20世纪80年代由经济合作与发展组织完善[85]。PSR理论主要用于研究各类生态环境问题并成为构建逻辑框架和指标体系的重要指导模型[86]。PSR理论是对环境中多方面情况的综合反映，其中P是Pressure的缩写，代表外界对研究区的压力；S是State的缩写，代表研究区在面对压力时所表现出的状态；R是Response的缩写，代表了研究对象以及外界状态改变时系统所做出的反应。PSR理论强调压力、状态、响应三方面的层次，涉及生态、经济、社会等人类活动与后果，而社会生态系统是一个复杂的社会与生态相耦合的人地系统，二者之间有较强的契合性[87]。

在PSR理论广泛应用之后，众多学者在其基础上，拓宽其内涵，进行更深层次的定义，形成后来的 DSR 模型（驱动力—状态—响应）[88]、DPSEEA模型（驱动力—压力—状态暴露—影响—响应）[89]、DPSRC模型（驱动力—压力—状态—响应—控制）[90]、DPSIR模型（驱动力—压力—状态—影响—响应）[91]和DPCTSIR模型（驱动力—压力—承载力—目标—状态—影响—响应）[92]。在研究过程中，将PSR理论与环境承载力进行有机结合构建了DPCTSIR模型，并将其理论运用于资源环境管理、土地生态安全评价、可持续评价等领域。

从现有DPCTSIR模型的应用来看，学者在构建评价指标体系中主要从各要素出发进行研究。这种指标体系构建方法在一定程度上可以较全面地对研究主题进行分析，可以相对充分地表现各要素之间的相互作用关系，但可能会存在指标之间可以相互表达的交叉问题。而学者研究的不同PSR拓展模型的核心仍然是PSR模型的三个要素（压力—状态—响应），其他要素主要是对三个核心要素的补充拓展。系统论认为，在整体上对系统进行探究时，要探究系统及其核心要素之间以及补充要素与核心要素之间的作用机制。

在系统论的指导下，结合DPCTSIR基础模型，考虑淮河生态经济带现实基础和其他要素对核心要素影响的逻辑基础上，得到了适用于社会生态系统适应性评价的改进PSR模型。在该模型中，压力（P）、状态（S）、响应（R）是核心要素，驱动力（D）、承载力（C）、目标（T）、影响（I）是核心要素演化发展的背景补充要素。其中目标（T）是各要素在演化过程中的方向。该模型意在背景要素的作用下探究压力—状态—响应在系统内的相互作用，并通过"作用—反馈—再作用"的循环演化过程反映社会生态系统适应性状况。

在推进淮河生态经济带健康可持续发展（T）的约束下和人口增长、资本积累、工业化及城镇化快速推进等社会经济因素驱动（D）下，社会生态系统面临自然风险、人为风险等压力（P）。在经受压力（P）的同时又受社会承载力（C）制约，如果状态（S）超出社会承载力，就会对社会生态系统的资源配置造成不利影响，为在向目标（T）发展的基础上降低负面影响（I），淮河生态经济带各城市会根据当前社会生态系统的适应性，通过提高响应能力（R），在遵循目标下，增加驱动力，减小系统面对的压力，提高系统承载力，促使社会生态系统可持续发展，如图2-1所示。

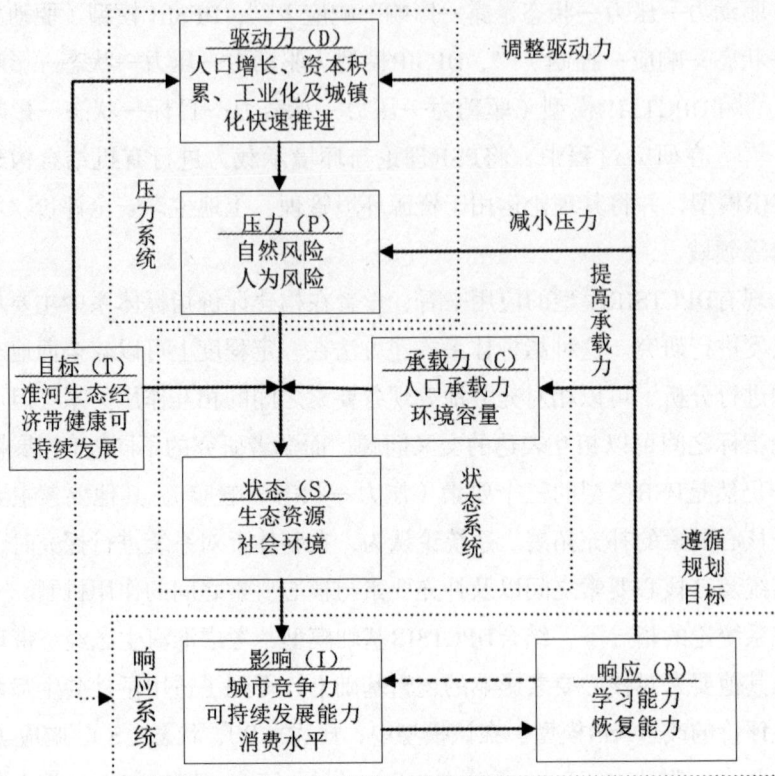

图2-1　改进PSR模型

四、适应性循环理论

适应性循环理论起源于生态学，用以解释分析传统的系统自然演化过程。适应性循环主要用来描述一个复杂适应系统在不断演化过程中的生命周期，主要时期包括四个阶段，分别是开发（R）、保护（K）、释放（Ω）、重组（α）。适应性循环的内在特征包括潜力、连通度和恢复力[93]。潜力表示系

统各要素及其整体的存在状态和未来发展趋势，连通度表征各要素的相互作用程度，恢复力表征系统在遭受外界扰动下，自我改善和环境适应的能力。适应性循环理论主要强调一个复杂系统在外界扰动下，整个演变过程表现出动态性、整体性和周期性的特征。适应性循环理论可以揭示复杂系统的演变机制。

如图2-2所示，系统在一个演化周期过程中首先经历一个快速增长的阶段，即开发阶段，在该阶段，系统整体潜力较低。在经历开发阶段之后，随着系统的不断演化，不断提高系统潜力水平，系统进入一个稳定的阶段，即保护阶段，在该阶段，系统整体处于成长期，但增速相比于开发阶段较低，此时系统的结构稳定，并且其维持目前状态的能力较强。但当该阶段遭受外界剧烈压力时，系统将进入释放阶段，潜力和恢复力水平达到最低状态。当外界压力减弱或适应能力增强时，系统对于该压力不断适应，进入重组阶段，并通过资源配置的优化，进入下个循环。复杂适应系统的适应性循环过程不是一个线性或圈形，而是在外界压力驱动下螺旋式上升的过程。

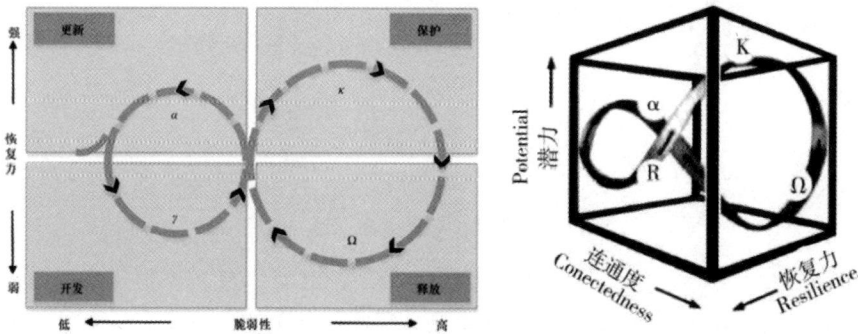

图2-2 适应性循环图

第四节　本章小结

　　本章首先对国内外关于社会生态系统、韧性、脆弱性以及适应性的研究现状进行了分析，阐述了当前对社会生态系统适应性研究的最新动态，并对本研究中所涉及的相关概念与理论基础进行了解释说明。然后再对社会生态系统、韧性和适应性进行概念辨析，并对本书使用的复杂适应系统理论、PSR理论和适应性循环理论进行了阐述说明，为后文淮河生态经济带社会生态系统相关研究奠定了坚实的理论基础。

第三章　淮河经济带乡村振兴中社会生态系统耦合分析及驱动因素研究

本章在使用DEA模型对中国淮河经济带地级市2005、2010、2015与2020四年社会生态系统进行测度的基础上，先运用耦合协调模型来分析社会、经济和生态三大子系统的耦合协调程度，分析其时空演变特征，再通过地理探测器来分析驱动三大子系统协调发展的影响因子，并对因子进行定性定量研究。在理论上，可以加深对社会、经济及生态环境协调发展的认识，进一步丰富耦合协调理论在生态研究中的深度和维度；在实践中，通过分析影响淮河生态经济带地区的社会、经济和生态协调发展的驱动因素，可为区域经济的可持续发展提出针对性的建议。

第一节　社会生态系统耦合作用分析

耦合系统一般是指两个或两个以上的系统在一定条件下，通过系统间能量、物质和信息的循环流动，形成一个新的、更高级的系统功能体，其本质上是系统之间各种因果关系相互作用的结果。社会生态系统就是一种由社会子系统、经济子系统和生态子系统三者相互作用而成的大型综合系统，可以通过子系统内部和子系统间的相互作用及反馈机制来维持和决定着整个系统的运行与发展。

在社会生态系统中，生态子系统是承载社会子系统和经济子系统的基础，为社会子系统和经济子系统提供基本资源，负责维持整个社会生态系统的稳定；但是，生态子系统非常脆弱，很容易受到社会子系统和经济子系统反馈的影响。如果社会子系统和经济子系统的发展在生态子系统承载能力的上限之内，那么三者之间就可以保持一种和谐共生的关系，三者相辅相成，促进自身和对方的发展。但是，如果社会和经济子系统发展过快，超过了生态子系统的承载能力，就会导致生态子系统的退化，并且反过来阻碍社会和经济子系统的发展。

经济子系统在三大子系统之间是主导者，决定着整个系统的发展走向，它本身能借助获取生态资源以实现自身发展，同时也能影响社会和生态子系统。经济子系统的主导地位主要是来源于人的主观能动性和创造力，能通过人类对客观物质世界的改造来实现物质循环、能量流动以及信息传递，进而改变生态子系统。经济子系统通过发展经济来为社会发展提供物质基础和技术保障，只要人类的资源消耗利用强度在生态子系统承载上限范围之内，经济子系统的发展就能够促进社会和生态子系统正向发展。

社会子系统能够决定社会生态系统发展的最终目的，促进社会生态系统耦合协调发展就是为了实现人的全面发展和社会的全方位进步。社会子系统通过为经济子系统提供公共服务和支撑来保证经济子系统的健康稳定运行，同时也能够提升人们的可持续发展理念和环保意识，进而达到保护环境的目的，促进生态子系统健康发展。

因此，社会生态系统中的三大子系统之间存在着密切的耦合协调关系，各个子系统内部以及子系统之间相互影响，交织形成社会生态系统，因此深入分析三大子系统的耦合协调发展状况，探讨三大子系统耦合协调发展的驱动因素，对实现区域社会经济可持续发展具有重要意义。

第二节　耦合发展指标体系与研究方法

一、指标体系构建以及数据来源

本书从社会、经济与生态三个系统并按照投入和产出两个方向选取指标来构建耦合协调指标体系，通过选取的指标来反映淮河经济带社会、经济与生态三大系统的耦合协调发展情况，社会—经济—生态系统耦合协调发展指标体系如表3-1所示。

表3-1中数据来源于历年的《中国城市统计年鉴》《江苏统计年鉴》《河南统计年鉴》《安徽统计年鉴》《山东统计年鉴》及各地级市统计年鉴，统计年鉴中存在缺失的部分数据来源于相应地市的国民经济与社会发展统计公报，还有个别缺失数据则运用内插法加以补充。数据时点选择为2005年、2010年、2015年、2020年。

表3-1　乡村振兴中社会—经济—生态系统耦合协调发展指标体系

指标	一级指标	二级指标	三级指标	指标解释	参考文献
社会	投入	人口情况	人口总量（万人）	反映人口情况	张玉泽等[94]；方洁苒等[95]；熊小菊等[96]；任国平等[97]
		基建情况	公路里程（千米）	反映基础设施情况	
		资金投入	教育投入（亿元）	反映资金投入	
			社会保障投入（亿元）		
	产出	社会发展	卫生机构数（个）	反映医疗水平	
			城镇化率（%）	反映社会发展情况	

续表

指标	一级指标	二级指标	三级指标	指标解释	参考文献
经济	投入	经济结构	第一产业产值（亿元）	反映经济结构	黄磊等[98]；张文爱等[99]；秦涛等[100]
			第二产业产值（亿元）		
			第三产业产值（亿元）		
		金融消费	金融储蓄总额（亿元）	反映消费储蓄情况	
			社会消费品总额（亿元）		
	产出	经济收入	人均GDP（元）	反映经济收入水平	
			城镇人均可支配收入（元）		
			农村人均可支配收入（元）		
生态	投入	生态压力	化肥施用量（万吨）	反映生态污染程度	张冰等[101]；初雪等[102]；郝梦露等[103]；刘霞等[104]
			工业废水排放量（万吨）		
			工业固体废物产生量（万吨）		
		资金投入	环保投入（亿元）	反映生态投入力度	
		生态成本	建设用地面积（km²）	反映生态水平	
			森林覆盖率（%）		
			水资源总量（亿立方米）		
	产出	生态价值	生态服务价值	反映生态的价值	

二、研究方法

（一）数据包络分析（DEA）

DEA方法即数据包络分析（Data Envelopment Analysis），是一种由运筹

学家A. Charnes和W. W. Cooper等通过相对效率概念发展起来的非参数效率的评价方法，数据包络分析能很好地阐释投入和产出的关系。考虑到社会发展、经济发展和生态保护过程中对投入要素的可控，本书选择投入导向的BCC（规模报酬可变）模型[105]：

$$\min\left[\theta - \varepsilon\left(e^T s^+ + e^{-T} s^-\right)\right]$$

$$\text{s.t.}\begin{cases} \sum_{j=1}^{n} X_j \lambda_j + s^- = \theta X_0 \\ \sum_{j=1}^{n} Y_j \lambda_j - s^+ = Y_0 \\ \lambda_j \geq 0, s^- \geq 0, s^+ \geq 0 \end{cases}$$

上式中：$j=1,2,\cdots n$ 表示决策单元；X、Y分别表示淮河生态经济带社会发展、经济、生态三大子系统的投入和产出向量；θ表示综合效率；s^+、s^-则为松弛变量。如果$\theta=1$，$s^+=s^-=0$时，则决策单元DEA有效；如果$\theta=1$，$s^+\neq 0$或者$s^-\neq 0$时，则决策单元弱DEA有效；如果$\theta<1$时，则决策单元非DEA有效。

（二）耦合协调模型

耦合协调模型用于研究淮河生态经济带社会子系统、经济子系统和生态子系统三者之间的耦合协调度水平。其中，耦合度大小是用于反映各子系统间的相互影响程度，若耦合度越小，则说明各子系统间的影响程度越低，反之则说明各子系统间的相互影响程度越高。耦合度的计算公式如下：

$$C = n\left[\frac{\prod_{i=1}^{n} Y_i}{\left(Y_1 + Y_2 + \ldots Y_n\right)^n}\right]^{\frac{1}{n}}$$

上式中：$Y_i(i=1,2,3)$为各个子系统的综合发展指数，在此则分别表示为淮河生态经济带社会子系统、经济子系统和生态子系统各自的综合发展指数。

耦合度大小只能用来判断各个子系统之间的相互影响程度，而无法反映各子系统间的协调状态。因此，运用耦合协调度模型来研究淮河生态经济带社会子系统、经济子系统和生态子系统的耦合协调度水平，耦合协调度的计算公式如下：

$$D = \sqrt{C \times T}$$

$$T = \sum_{i=1}^{3} \alpha_i Y_i$$

其中，$D(0 < C < 1)$表示耦合协调度，如果D越大，则系统协调度就越好；T为系统整体的综合评价指数；α、β、γ分别为三个子系统的权重，并且$\alpha + \beta + \gamma = 1$。考虑到三个子系统在社会生态系统中具有同等重要的地位，本书取$\alpha = \beta = \gamma = 1/3$，并对耦合协调度测评价值进行等级划分，参考汪永生等[106]的研究，将耦合协调度划分为10个等级：分别为[0,0.10]极度失调、[0.10,0.20]严重失调、[0.20,0.30]中度失调、[0.30,0.40]轻度失调、[0.40,0.50]濒临失调、[0.50,0.60]勉强失调、[0.60,0.70]初级协调、[0.70,0.80]中级协调、[0.80,0.90]良好协调、[0.90,1.00]优质协调。

（三）地理探测器

地理探测器是王劲峰等[107]提出一种用于探测变量的时空分异程度以及解释其背后驱动因素的一种方法，本章节通过借助地理探测器模型来探求各要素对淮河经济带三大子系统耦合协调水平的影响力，其公式如下：

$$q = 1 - \frac{\sum_{i=1}^{m} n_i \sigma_i^2}{n \sigma^2}$$

上式中：q表示影响因子对耦合协调度的影响力大小，n代表研究淮河经济带地区的个数，m为影响因子的样本数，σ^2（$\sigma^2 \neq 0$）表示淮河经济带耦合协调度的离散方差，q在（0，1）的范围之内，q越趋近于1，则表示影响因素的影响力越大，其驱动力也就越强。

第三节　淮河生态经济带社会生态系统耦合协调的时空分异特征

一、整体特征分析

首先运用DEA2.1软件来计算26个地级市的社会、经济与生态三大系统的效率，然后根据效率运用耦合协调度模型来分别测算三者之间的耦合度与耦合协调度。

如图3-1中的耦合度值可知，漯河与淮北的耦合度相对最低，耦合度都在0.9以下，而淮安、盐城、扬州、泰州、宿迁、蚌埠、淮南、滁州、六安、驻马店10个地级市的耦合度相对较高，且都保持稳定，耦合度都在0.95以上，说明10个地区的社会—经济—生态系统的关联程度较高。另外，从耦合度的波动幅度来看，徐州、连云港、平顶山、漯河、商丘、枣庄、临沂、菏泽8个地级市的耦合度波动值较大，且波动主要集中在2010年，其中，商丘、枣庄这两个地区的波动值最大，说明该地区的耦合度发展并不稳定。从耦合度整体变化趋势来看，扬州、亳州、蚌埠、阜阳、滁州、六安、南阳7个地区的耦合度随时间变化的增长趋势更为明显，而徐州、商丘这两个地区的耦合度随着时间变化明显下降，说明该地区的协调发展情况不容乐观，因此需要进一步分析其耦合度较低的原因，从而精准施策来提高三大系统的耦合度水平。

由图3-2中的耦合协调度来看，徐州、盐城、临沂、菏泽4个地区的耦合协调度相对较低，特别是徐州、临沂、菏泽这3个地区，在某一年份出现了失调现象。而扬州、宿迁、淮南、滁州、六安5个地区的耦合协调度水平相对较高，其均值都在0.85以上，说明这些地区的协调发展情况较好。从耦合协调度变化趋势来看，淮安、盐城、扬州、淮北、宿州、蚌埠、滁州7个地区的耦合协调度变化不大，反映该地区的三大系统协调发展情况相对稳定。另外，泰州、六安、菏泽三个地区的耦合协调度增长趋势明显，说明这些地区的耦合协调正在改善，而连云港、宿迁、宿州、淮南4个地区的耦合协调度呈现下降趋势，因此也值得我们关注。从耦合协调度的波动情况来看，连云港、平顶山、商丘、周口、驻马店、济宁、临沂、菏泽8个地区的耦合性协调度波动值较为明显，其耦合发展不太稳定，因此未来仍需要继续关注其发展的情况，防止三大系统的发展出现失调而造成不利影响。

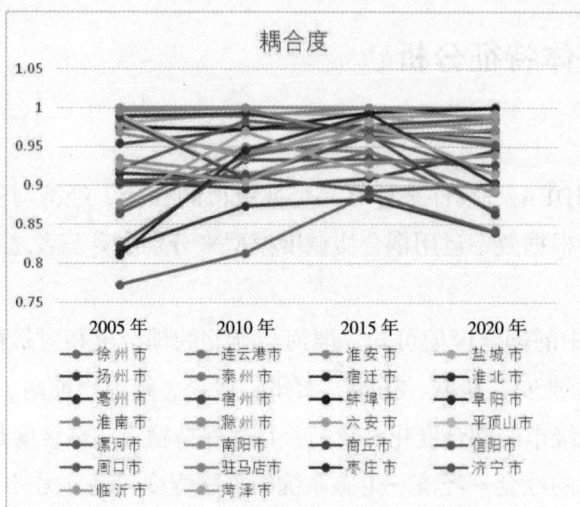

图3-1　社会生态系统耦合度C时序变化

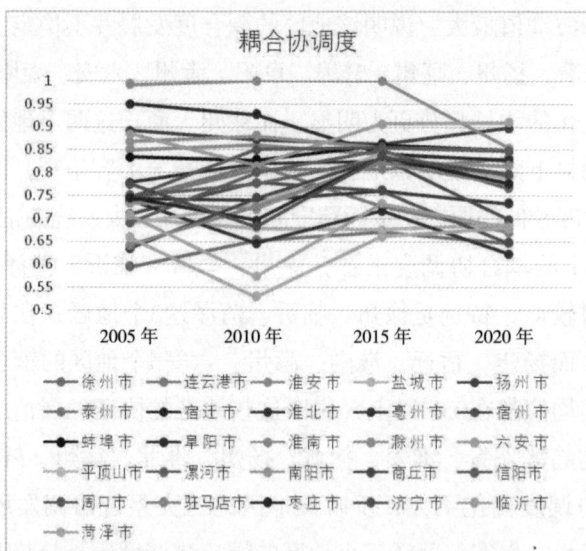

图3-2　社会生态系统耦合协调度D时序变化

从表3-2耦合协调度的均值来看，虽然淮河经济带的26个地级市的社会、经济与生态三大系统都处于协调状态，但可以看出，徐州、连云港、盐城、宿州、阜阳、商丘、驻马店、临沂、菏泽9个地区的T值（综合评价指数）均低于0.6，综合指数较低会影响到耦合协调度的优化。以宿州为例，其社会效率与经济效率都相对较高，但生态效率却低于0.3，这充分说明三大系统的协调发展要看全局，其中任何一个系统的滞后都会影响到整体的高低。此外，徐州、淮北、亳州、宿州、阜阳、漯河、商丘、枣庄、菏泽9个地区的生态效率都比较低，其中一方面可能是当地的经济发展不景气，当地没有多余的财政投入到环境保护当中去；另一方面，也可能是当地的工业水平发展过高，造成对生态环境的损耗较大。与生态效率相反，淮河经济带大部分地区的社会效率要相对较高，尤其是连云港、淮南、平顶山、南阳、商丘、周口，济宁7个地区的社会效率都超过0.8，说明这些地区社会发展情况都相对较好，用来提升社会生活水平的投入相对较多，社会保障相对完善。从耦合协调来看，徐州、盐城、阜阳、临沂、菏泽5个地区的耦合协调等级最低，都处于初级协调阶段，说明其三大系统的发展并不均衡，尚处于磨合阶段，因此需要实施政策来加以调节，促使其协调发展。

表3-2 社会生态系统耦合协调度均值比较

地级市	社会效率	经济效率	生态效率	C	T	D	耦合协调等级
徐州市	0.74675	0.304	0.31225	0.904655	0.454333	0.640504	初级协调
连云港市	0.86425	0.62075	0.3125	0.91364	0.599167	0.738588	中级协调
淮安市	0.62575	0.5795	1	0.968229	0.735083	0.843614	良好协调
盐城市	0.57925	0.377	0.47575	0.982626	0.477333	0.684701	初级协调
扬州市	0.77825	0.618	1	0.972306	0.79875	0.881066	良好协调
泰州市	0.643	0.58475	0.68475	0.99413	0.6375	0.795483	中级协调
宿迁市	0.704	0.71025	1	0.978024	0.80475	0.886237	良好协调
淮北市	1	1	0.2725	0.853516	0.7575	0.804056	良好协调
亳州市	0.4985	0.93575	0.38225	0.913957	0.6055	0.743591	中级协调

地级市	社会效率	经济效率	生态效率	C	T	D	耦合协调等级
宿州市	0.61825	0.8445	0.28525	0.904059	0.582667	0.723601	中级协调
蚌埠市	0.6155	0.86325	0.68475	0.985001	0.721167	0.842798	良好协调
阜阳市	0.49125	0.64325	0.356	0.940291	0.496833	0.681142	初级协调
淮南市	0.92325	0.96675	0.90225	0.996186	0.93075	0.961278	优质协调
滁州市	0.55025	0.777	0.98625	0.965953	0.771167	0.862733	良好协调
六安市	0.6145	0.767	1	0.972986	0.793833	0.878666	良好协调
平顶山市	0.85275	0.5	0.481	0.957015	0.61125	0.762247	中级协调
漯河市	1	1	0.24375	0.829242	0.747917	0.78746	中级协调
南阳市	0.83725	0.3485	0.75025	0.929022	0.645333	0.773103	中级协调
商丘市	0.84725	0.477	0.39825	0.930804	0.574167	0.726755	中级协调
信阳市	0.67525	0.5005	0.959	0.956371	0.711583	0.824397	良好协调
周口市	0.9945	0.42025	0.55225	0.920288	0.655667	0.776304	中级协调
驻马店市	0.5355	0.49275	0.66775	0.981807	0.565333	0.740988	中级协调
枣庄市	0.7465	0.8235	0.35425	0.912638	0.641417	0.76279	中级协调
济宁市	0.8435	0.3245	0.82225	0.903763	0.663417	0.771836	中级协调
临沂市	0.728	0.304	0.47725	0.913645	0.503083	0.6731	初级协调
菏泽市	0.5175	0.444	0.332	0.931635	0.431167	0.63144	初级协调

二、耦合协调度时空分析

　　文章通过选取2005年、2010年、2015年和2020年的耦合协调度数据来研究淮河经济带社会—经济—生态三大系统的耦合协调空间分布。

　　2005年，耦合协调度最高的分别是宿迁和淮南两市，都处于优质协调阶段，这一结果可能与当地的发展政策以及良好的生态环境有关。而徐州处于勉强失调状态，这可能与徐州市的工业发展较强，而生态环境较脆弱有关。而盐城、商丘、周口、驻马店、菏泽都处于初级协调状态，有待进一步发展。2010年，与2005年相比，徐州、连云港、泰州、淮北、平顶山、商丘、信阳、周口、驻马店9个地区的耦合协调度等级都得到了提高，而阜阳、枣庄、济宁、临沂、菏泽5个地区的耦合协调度等级反而降低，尤其是临沂与菏泽两地处于勉强失调状态，而其他地区的耦合协调等级都没有改变，从总体来看，淮河经济带三大系统的耦合协调度逐渐转好。2015年，淮河经济带所有地区三大系统都处于协调状态，只有连云港和宿迁的耦合性协调等级与2010年相比降低了一级，但有阜阳、六安、平顶山、漯河、南阳、商丘、周口、驻马店、枣庄、济宁、临沂、菏泽共12个地区的耦合协调等级都得到了提升，且绝大多数地区都处于中级耦合阶段，因此与5年前相比，三大系统的耦合情况大大好转，发展协调性大幅度提高。这可能得益于地区经济水平的进一步提高，以及环保措施的实施。到了2020年，虽然淮河经济带所有地区都处于协调状态，但与2015年相比，发展有所滞后。与5年前相比，不仅没有地区的耦合协调等级进一步提升，反而有一半地区的耦合协调等级出现了下降，说明这5年淮河经济带三大系统的耦合协调发展出现了退步，究其原因可能是受新冠疫情的影响，导致地区的经济发展缓慢，从而导致出现这种结果。从以上4年耦合性协调等级的整体变化来看，虽然各地区三大系统耦合协调度已有所改善，但要达到优质协调阶段仍需较长时间，必须加快耦合协调的演进速度。

第四节　淮河生态经济带社会生态系统耦合协调的驱动因素分析

本书根据前人的研究[108],[109],[110],[111]，选取人均GDP（经济驱动X_1）、人口密度（劳动力驱动X_2）、环保支出占总支出比值（环保驱动X_3）、教育支出占总支出比值（教育驱动X_4）以及土地利用强度（自然资源驱动X_5）5个因素作为驱动淮河经济带社会—经济—生态三大系统耦合协调发展的探测因子，并分别对驱动因子进行定性与定量分析。

一、驱动力时间异质性分析

本书先通过ArcGIS软件中的自然裂点分类法将收集到的各探测因子数据进行分级离散化处理，再运用Geodetector软件计算离散化处理的探测因子和上文计算出的耦合协调度，得出一个探测因子对淮河经济带三大系统耦合协调发展的影响力测度水平，如下表3-3所示，各因素对于耦合协调度的影响力大小随着时间的变化也存在一定的不同。2005年，淮河经济带社会、经济与生态之间的协调耦合度主要受到环保支出占总支出比值与土地利用强度的影响；而2010年，协调耦合度主要受到环保支出占总支出比值、教育支出占总支出比值这两个因素的影响；到了2015年，耦合协调度主要受到人均GDP与土地利用强度的影响；到了2020年，耦合协调度主要受到人口密度与土地利用强度的影响。从整体来看，环保支出占总支出比值、教育支出占总支出比值以及土地利用强度是影响淮河经济带社会、经济和生态协调发展的主要因素，淮河生态经济带三大子系统的协调发展是各探测因素相互作用于各种驱动力的综合结果。

表3-3 社会生态系统耦合协调度影响因素影响力测度

年份	X_1	X_2	X_3	X_4	X_5
2005年	0.10	0.06	0.26	0.07	0.25
2010年	0.05	0.09	0.28	0.26	0.21
2015年	0.15	0.12	0.14	0.13	0.22
2020年	0.19	0.21	0.05	0.22	0.41

（一）经济驱动

经济发展是促进三大系统耦合协调的关键驱动力，良好的经济发展可以提高居民生活水平，改善社会条件，对于社会治理也有积极的促进作用，另外，经济水平的提高在改善居民生活质量的同时，还能提高人们的素质，增强人民的环保理念。贫困和环境恶化之间本身就会互相导致恶性循环，人们为了追求经济的发展，往往会需要消耗他们所赖以生存的自然资源，但经济的发展能够为生态环境保护奠定经济基础，给改善生态环境带来物质保障。由表3-3可知，人均GDP的影响力大小先下降后上升，到了2020年影响力达到峰值，这说明了经济发展对于淮河经济带三大系统耦合的影响作用逐年递增。因此，经济发展能为社会进步与生态保护提供充足的经济基础，而社会进步与良好的生态环境又能促进经济健康发展，从而形成三大系统之间的良性循环。

（二）劳动力驱动

任何行业的发展都离不开人力资源，特别是人才资源，更是重中之重，劳动力是淮河经济带三大系统协调发展不可或缺的驱动力。人口密度对于三大系统耦合的影响力随着时间的推移稳步提升，并在2020年达到峰值，这说明劳动力资源对三大系统耦合协调的影响力会越来越高，仍有上升空间。劳动力资源不仅为社会进步、经济发展、环境保护相关行业提供人才，还能对当地的经济发展做出巨大贡献。如今，我国正实施扩大内需的战略要求，那就要求具备庞大的消费市场，而充足的劳动力资源拥有巨大的消费需求和潜力，能拉动地方经济，还能带动当地的基础设施、房地产以及金融等各行各业的发展，从而促进经济发展与社会进步。

（三）环保驱动

实施环境保护战略有利于促进生态效益、经济效益和社会效益的统一，能改善居民的生活环境，营造绿色，健康的社会氛围，还能促进国民经济持续、稳定、健康发展，提高居民的生活水平和质量，因此环保支出占当地总支出比值是影响淮河经济带三大系统健康协调发展的重要因素。其影响力在2010年达到顶峰，然后逐年下降，这可能与国家这些年制定的环保政策有关，随着人们对环保意识的增强，生态环境得到大幅度改善，人们的身体健康也得到了提高，人民生活蒸蒸日上，因此加大环境保护力度，控制环境污染，促进人们与环境协调发展，提高人们生活质量就显得尤为必要。

（四）教育驱动

教育是一个国家发展大计之根本，教育兴则国家兴，教育强则国家强，其代表了增强国家实力的基础，教育水平的高低也决定着社会和经济的发展。教育支出占总支出的比值是影响三大系统协调发展的重要驱动力，其影响力在2010年达到顶峰。教育对三大系统的影响主要体现在：教育与经济发展相互影响，为经济发展提供人才；教育还能启迪民众，营造和谐的社会氛围，对维持社会治安起到重要作用；另外，教育还能增强人们的环保意识，宣传可持续发展理念，促进人与环境和谐共生。因此，教育方面应该要引起人们的重视，国家也应对教育行业加大投入，促进教育健康发展。

（五）自然资源驱动

自然资源是人类赖以生存和发展的基础，是淮河经济带三大系统协调发展的保障力量。土地利用强度对社会、经济与生态三者协调发展的影响力一直处于稳定的状态，且近几年影响力逐年上升，于2020年达到峰值。自然资

源是有限的，随着经济与社会的发展，人们对自然资源的需求与日俱增，但必须合理利用自然资源，同时，自然资源的保护也是保护生态环境的基础，合理利用也关系到生态环境的稳定与健康，如果不加节制地利用、污染自然资源，就会导致生物多样性的丧失与生态环境的破坏，进而威胁到人们的生存与健康，因此合理利用自然资源，对促进经济的良性发展、改善人们的生活水平具有积极作用。同时，合理利用自然资源对于实现可持续发展至关重要，对促进社会、经济与生态三大系统耦合意义重大。

二、驱动力空间异质性分析

本书分别选取2005年、2010年、2015年与2020年影响力最大的影响因素，为避免影响因素重复，将各年份的不同重要影响因素与耦合协调度运用ArcGIS软件的自然裂点分类法进行分级处理，再对分级后的影响因素和耦合协调度进行匹配，匹配后的结果如表3-4所示。从中可知各探测因子对淮河经济带社会—经济—生态三大系统耦合协调度空间分异的影响具有较为明显的空间异质性特征。

表3-4　耦合协调度与影响因素水平空间匹配分布

耦合协调度与影响因素匹配	2005年耦合协调度与环保支出占总支出比值匹配	2010年耦合协调度与教育支出占总支出比值匹配	2015年耦合协调度与土地利用强度匹配	2020年耦合协调度与人口密度匹配
徐州市	低协调中要素	低协调中要素	低协调高要素	低协调高要素
连云港市	中协调低要素	中协调低要素	低协调高要素	低协调中要素
淮安市	高协调低要素	高协调中要素	中协调中要素	高协调低要素
盐城市	中协调低要素	低协调低要素	低协调中要素	低协调低要素
扬州市	高协调低要素	高协调中要素	中协调中要素	高协调中要素
泰州市	中协调低要素	中协调中要素	中协调高要素	高协调高要素
宿迁市	高协调中要素	高协调高要素	中协调中要素	高协调中要素

续表

耦合协调度与影响因素匹配	2005年耦合协调度与环保支出占总支出比值匹配	2010年耦合协调度与教育支出占总支出比值匹配	2015年耦合协调度与土地利用强度匹配	2020年耦合协调度与人口密度匹配
淮北市	中协调低要素	中协调低要素	中协调高要素	中协调高要素
亳州市	中协调低要素	中协调中要素	低协调高要素	中协调中要素
宿州市	中协调低要素	中协调高要素	低协调高要素	低协调中要素
蚌埠市	高协调低要素	中协调低要素	中协调中要素	高协调中要素
阜阳市	中协调低要素	低协调中要素	低协调高要素	低协调高要素
淮南市	高协调低要素	高协调低要素	高协调中要素	高协调中要素
滁州市	高协调低要素	高协调低要素	中协调中要素	高协调低要素
六安市	高协调低要素	中协调中要素	中协调低要素	高协调低要素
平顶山市	低协调中要素	中协调中要素	中协调中要素	中协调中要素
漯河市	中协调低要素	中协调低要素	中协调高要素	中协调高要素
南阳市	中协调高要素	中协调中要素	中协调低要素	中协调低要素
商丘市	低协调低要素	中协调高要素	中协调高要素	低协调高要素
信阳市	中协调低要素	高协调高要素	中协调低要素	高协调低要素
周口市	低协调中要素	中协调高要素	中协调高要素	中协调高要素
驻马店市	低协调中要素	中协调中要素	中协调中要素	中协调低要素
枣庄市	中协调中要素	低协调中要素	中协调中要素	中协调高要素
济宁市	中协调中要素	低协调高要素	中协调中要素	中协调低要素
临沂市	中协调中要素	低协调高要素	低协调中要素	低协调中要素
菏泽市	低协调低要素	低协调中要素	低协调高要素	低协调高要素

　　2005年，宿迁、南阳的耦合协调度和要素都比较高，这说明两地的环保支出占总支出比值驱动了淮河经济带三大系统的耦合协调发展。注重环保一方面可以使人民享受绿色、健康的生活环境，营造和谐的社会氛围；另一方面，还能规范企业进行绿色生产，节约资源，从而使经济能够健康发展，促进三大系统的耦合协调。商丘、菏泽两地的耦合协调度与要素都非常低，说明两地都没有充分认识到环境保护对于三大系统耦合协调度的积极作用，对于环境保护的投入力度较小，造成耦合协调程度也较低，陷入恶性循环，因

此这两地要格外注重当地对于环保事业的投入，加大投入力度。另外，其他地区的耦合协调度与要素的水平一般，但从整体来看，环保投入对于三大系统耦合协调具有明显的积极作用，因此对于这些耦合协调度与要素都不高的地区，加大环保投入力度会促进三大系统耦合协调发展。

2010年，为避免与环保支出占总支出比值重复，因此将耦合协调度与教育支出占总支出比值进行匹配。宿迁、信阳的耦合协调度与要素最高，都为高协调高要素，另外，淮安、扬州、宿州、商丘、周口五地的耦合协调度与要素也相对较高，说明以上7个地区对于教育事业的投入力度都比较大。拥有优质的教育水平，不仅能培养出优秀的高素质人才，增强生态保护意识，还能吸引更多人才聚集，带动当地的教育事业蓬勃发展，拉动地方经济，促进社会和谐，从而对三大系统协调发展起到积极的作用。其他地区的耦合协调度与要素都相对较低，其中盐城的耦合协调度与要素最低，为低协调低要素，说明这些地区的教育投入不够或者教育投入对于三大系统耦合协调的影响并不突出，才会导致这种现象。

2015年，泰州、淮南、漯河、商丘、周口这些地区的耦合协调度与要素都比较高，这些地区能够依托其丰富的自然资源，并加以充分利用，尤其注意的是要合理利用资源，一方面，能够促进地方经济增长，提高人们的生活水平和社会财富价值；另一方面，也能够保护生态环境，在生态环境承受范围之内进行自然资源的利用，这样能够形成社会、经济与生态三大系统的良性循环，促进三大系统耦合协调发展。另外，徐州、连云港、亳州、宿州、阜阳菏泽这些地区都是低协调高要素，说明这些地区能够充分利用境内的自然资源，但耦合协调程度还是比较低，这反映了土地利用强度对于这些地区的三大系统耦合协调发展作用并不明显，因此这些地区要额外关注其他能够促进耦合协调发展的因素，如经济增长、环境保护等方面。

2020年，为避免与土地利用强度重复，选择人口密度来与耦合协调度进行匹配，结果表明泰州的耦合协调度与要素等级都很高，为高协调高要素，另外，扬州、宿迁、淮北、蚌埠、淮南、漯河、周口、枣庄这些地区的耦合协调度与要素都比较高，表明这些地区的人口密度对耦合协调度能够相互促进，人口能够给当地带来巨大的人力资源和消费市场，促进当地的经济进步与产业发展。此外，徐州、阜阳、商丘、菏泽四地为低协调高要素，说明这些地区的人口密度并不能促进当地三大系统的耦合协调发展，当然人口密度也不是越大越好，必须处于一个适当的范围，过于拥挤的人口反而会带来经济负担，不利于社会的长期发展，因此必须合理管控人口密度，使其能够朝着促进社会、经济与生态三大系统耦合协调的方向发展。

三、耦合协调发展的驱动机制

经过上述对各探测因子的分析可知各驱动因素通过作用于驱动力，从而最终形成了绿色经济与产业发展机制、人力资源与消费市场机制、环境保护与持续发展机制、教育保障与人才培养机制以及资源开发与合理利用机制，促使淮河经济带社会生态系统能够协调发展，如图3-4所示。

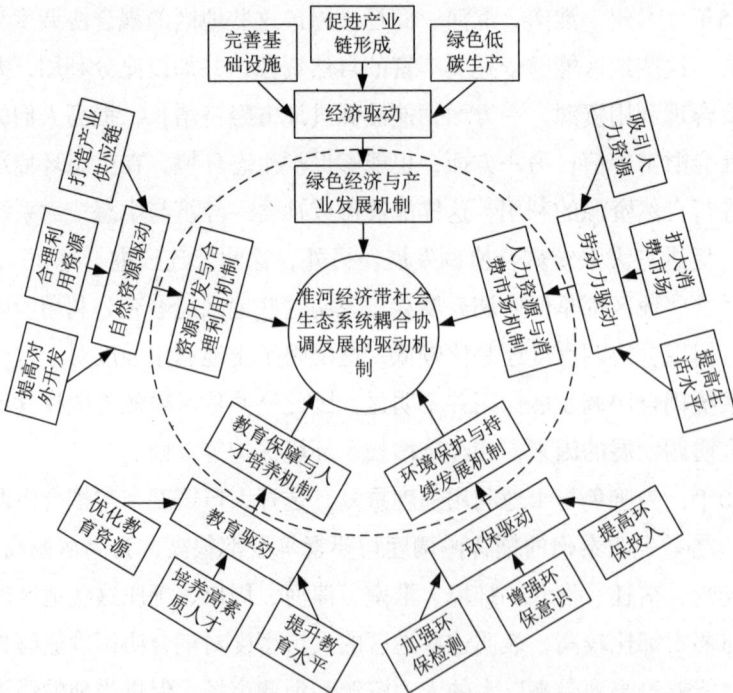

图3-4　淮河经济带社会生态系统耦合协调发展的驱动机制

第五节　本章小结

从淮河经济带各年份的社会生态系统耦合协调的时间变化来看，徐州、盐城、阜阳、临沂、菏泽5地的耦合协调度较低，而扬州、宿迁、淮南、滁州、六安5地的耦合协调度比较高；泰州、南阳、信阳、驻马店4地的耦合协调度今年呈明显上升趋势，而宿迁、阜阳、淮南3地的耦合协调度今年呈下降趋势；淮安、盐城、扬州、淮北、亳州、蚌埠、滁州7地的耦合协调度变化幅度较为稳定，其中淮安、扬州、蚌埠、滁州4地一直处于良好协调以上，而商丘、驻马店的耦合协调度波动幅度较大。从整体来看，淮河经济带地级市的三大系统虽然都处于协调阶段，但其中一些地区的协调等级较低，尚处于初步磨合阶段，仍需要进一步调节，使其能够协调发展。

徐州、连云港、盐城、宿州、阜阳、商丘、驻马店、临沂、菏泽9个地区的T值（综合评价指数）均小于0.6，其综合发展水平较低会影响耦合协调度；另外，徐州、淮北、亳州、宿州、阜阳、漯河、商丘、枣庄、菏泽9个地区的生态效率都比较低，与社会系统和经济系统发展不协调。从淮河经济带各年份的社会生态系统耦合协调发展的空间格局来看，各地区的三大系统耦合协调度都得到了改善，并且都处于协调阶段，但要三大系统耦合达到优质协调仍需较长时间。

运用地理探测器对淮河经济带社会生态系统耦合协调度的影响因素进行探测可知，对于三大系统耦合协调度影响程度较大的因素为土地利用强度、环保支出占总支出的比值以及教育支出占总支出的比值，说明自然资源驱动、环保驱动以及教育驱动是促进三大系统耦合协调度的重要手段。另外，对于不同的年份，各个影响因素对淮河经济带社会生态系统耦合协调的影响力大小也存在着一定的差异，并且其具备明显的时空异质性特征。

第四章　熵视角下淮河生态经济带乡村振兴中社会生态系统状态量化研究

在一定的时空条件下，社会生态系统的状态反映了社会生态系统即时的体现。这不仅展现了社会生态系统的发展演变结果，也是其可持续发展的基础。分析社会生态系统的状态对于推动其有序演变与可持续发展极为关键。在统计物理和热力学中，熵是描述系统状态和系统混乱程度的物理量，涵盖了克劳修斯熵、玻尔兹曼熵和申农熵等类型。在社会生态系统中，人类活动的介入是随着社会经济的发展和资源利用者的目标所展开的。不同的资源利用者对于生态系统提供的产品与服务的需求的程度有所差异，这导致了不同的生产活动情况，类似于化学系统中的分子的热运动。同时，玻尔兹曼熵描述了系统内分子热运动的无序性，即系统的状态，它建立了宏观量（熵）与微观量（微观状态）之间的重要联系，为研究社会生态系统状态量化提供了重要的理论依据。本章研究将淮河生态经济带作为研究范围，以淮河生态经济带下辖26个市作为研究单位，以2005年、2010年、2015年、2020年作为研究时点。研究通过分析社会生态系统活动的无序度和空间承载能力两个层面，构建了量化社会生态系统状态的指标体系。为深入贯彻落实新发展理念，推动形成人与自然和谐发展的现代化建设新发展格局，从而引导社会生态系统向更加有序的方向演化与可持续发展提供理论支撑。

第一节　量化指标体系与系统熵模型

一、社会生态系统状态量化指标体系构建

通常情况下，系统能够进行自我调节。但是，如果当外部干扰过于强烈且超出系统能承受的极限时，系统将会发生剧烈的变化，重组内部元素以应对干扰，这限制了其自我调节的功能。此时，系统内外之间的物质、能量和信息流动将转变，导致系统从稳定状态向不稳定状态演变。社会—生态系统是一个包含生态、经济和社会等多方面的复杂适应系统，其中人与自然的关系紧密相连。社会生态系统状态是指系统在特定时刻所呈现出来的状况，其不仅受到内在因素的驱动，同时也受到外部环境的干扰。社会生态系统空间承载力可以较为完整科学、准确真实地反映区域生态环境的基本特征，生态系统资源承载力的变动将不可避免地影响环境的承载能力，并进一步影响生态弹性力。基于这一点，可以通过分析社会生态系统活动的无序度与其空间承载力之间的相互作用，量化社会生态系统状态，并评估系统的稳定性。如果研究区域内活动的负面效应超出了系统的空间承载力，那么该区域的社会生态系统将可能向不稳定和无序的状态演变。本章针对淮河生态经济带的社会经济发展现状，在遵循系统性、代表性和可操作性的原则下，构建了社会生态系统状态量化指标体系，主要包括社会生态系统活动无序度和社会生态系统空间承载力两个层面（表4-1）。此外，采用了极差标准化法对指标数据进行了标准化处理，并应用熵值法来确定各指标的权重值。

（一）社会生态系统活动无序度评价指标体系构建

社会生态系统主要包括社会子系统、经济子系统和生态子系统。社会生态系统活动无序度指区域内公众、消费者等主体组成的社会群体在系统内进行的各项活动时对系统产生负面影响的程度。本研究选取社会子系统活动无序度、经济子系统活动无序度、生态子系统活动无序度3个二级指标、12个三级指标，构建社会生态系统活动无序度评价指标体系。

表4-1　乡村振兴中社会生态系统状态量化指标体系及权重

准则层	二级指标	三级指标	指标内涵	性质	权重
社会生态系统活动无序度	社会子系统活动无序度	人口密度（人/平方公里）	反映区域人口压力	+	0.019329
		城乡居民收入差距比	反映城乡居民收入差距	+	0.204587
		城镇化率（%）	反映城镇化进程	−	0.017798
		城镇登记失业率（%）	反映区域失业情况	+	0.024298
	经济子系统活动无序度	产业结构多样化指数	反映区域产业结构的多样性	−	0.013168
		第一产业产值占比（%）	第一产业占比过高说明经济发展易受气候因素制约	+	0.034432
		外贸依存度（%）	反映经济的内外需不平衡	+	0.058081
		旅游收入占GDP比例（%）	反映区域经济对旅游业的依赖程度	+	0.027132
	生态子系统活动无序度	化肥使用量（万吨）	反映化肥对生态环境的影响	+	0.064877
		工业二氧化硫排放量（万吨）	反映工业二氧化硫排放导致的生态压力	+	0.060855
		工业固体废物产生量（万吨）	反映工业固体废物产生导致的生态压力	+	0.029797
		复种指数	反映耕地利用强度	+	0.012672

准则层	二级指标	三级指标	指标内涵	性质	权重
社会生态系统空间承载力	自然承载力	植被覆盖指数	衡量自然条件	+	0.017191
		生物多样性	反映单位面积内生物多样性	+	0.074330
		水资源总量（亿立方米）	衡量区域水资源占有情况	+	0.051253
		社会生态系统服务价值	衡量区域自然生态系统为人类提供的惠益程度	+	0.074998
		人工造林面积（公顷）	衡量人工维护生态环境的力度	+	0.074819
		空气质量非优良天数比例（%）	衡量系统空气质量	-	0.016262
	人文承载力	人均GDP（元）	衡量区域经济实力	+	0.047434
		地方财政总收入（亿元）	衡量地方政府经济实力	+	0.061806
		环保支出（亿元）	反映环保支持能力	+	0.043967
		粮食总产量（万吨）	反映农业发展情况	+	0.026111
		医院床位数（张）	衡量医疗支持力度	+	0.056289
		社会保障和就业支出（亿元）	衡量社会稳定性和就业支持力度	+	0.068615

社会子系统：选取人口密度表征系统人口压力，选取城乡居民收入差距比表征系统城乡居民收入差距，选取失业率表征系统劳动力资源利用程度。在一定的区域内，人口密度增加会导致资源使用量增加，进而可能对系统造成负面影响，同时社会子系统活动无序度也会增加；一个地区城乡居民收入差距越大会导致社会贫富差距拉大，进而引发社会矛盾和不满情绪，增加社会的不稳定因素；高失业率会造成系统资源再分配压力，加剧贫困问题，助长社会动荡和冲突，进而增加社会子系统活动无序度。以城镇化率来衡量区

域的现代化水平。

经济子系统：第一产业产值占比越高说明地区经济发展受气候因素制约的程度越大，对经济子系统产生负面影响的程度越大，经济子系统活动无序度越大；外贸依存度是评估地区经济发展内外需求平衡的重要指标，外贸依存度越高，表明该地区的经济活动更多地受外部需求的影响，相应地，经济子系统的无序度也越高；选取旅游收入占GDP比例，可以衡量地区经济对旅游产业的依赖程度，与经济子系统活动无序度呈正相关关系；产业结构多样性指数代表了地区产业结构的多样化程度，揭示了产业结构平衡问题，指数越低意味着经济子系统活动无序度越大。

生态子系统：选取化肥使用量表征农业面污染强度。选取工业二氧化硫排放量、工业固体废物产生量表征工业面对生态系统的污染强度。复种指数表征了耕地的使用强度，指数越高意味着耕地使用更频繁，这可能导致土壤肥力减少以及耕作层受损等问题更加严重，进而增加生态子系统的无序程度。

（二）社会生态系统空间承载力评价指标体系构建

社会生态系统的空间承载力表述了一定时期区域内，自然与人文因素对人类活动的支撑能力。其中，自然承载力为环境的基本条件，人文承载力则是提供社会经济的支撑。本研究利用自然承载力和人文承载力2个二级指标及12个三级指标，来评估区域社会生态系统的空间承载能力。

自然承载力：指一定时间内，社会生态系统空间通过其自然资源和生态环境对生产与生活提供的支持。选取植被覆盖指数（NDVI）、生物多样性、水资源总量、人工造林面积来体现资源的占有。同时，通过空气质量中非优良天数的比例来评估环境污染程度。

人文承载力：指一定时期内，社会经济发展对系统生产和生活的支撑作用。其可以通过选取人均GDP、地方财政总收入和粮食总产量来衡量系统经济保障能力，以及通过环保开支、医院床位数量、社会保障和就业支出来评价系统的社会保障能力。

二、指标数值和权重计算

（一）指标数据处理

不同的评价指标性质不同，具有不同的量纲，为消除量纲，使各项指标取值统一，同时简化指标计算，需要对其进行标准化处理。本书采用极差标准化法对各项指标的原始数据进行标准化处理。公式如下：

$$正向评价指标\ R_{ij} = \frac{(X_{ij} - X_{jmin})}{(X_{jmax} - X_{jmin})}$$

$$负向评价指标\ R_{ij} = \frac{(X_{jmax} - X_{ij})}{(X_{jmax} - X_{jmin})}$$

式中：R_{ij} 表示某市第i年第j项指标标准化数值；X_{ij} 表示某市第i年第j项指标原始值，X_{jmax}、X_{jmin} 为某市所有年份第j项指标原始数据最大值或最小值。

（二）指标权重的获得

本书设定的社会生态系统状态受到社会生态系统活动无序度与社会生态系统空间承载力相互作用，其演变过程符合信息熵的结构假设。熵值法作为一种相对客观的赋权方法，能够有效克服信息重叠及主观因素带来的偏差。因此，采用熵值法计算社会生态系统状态的权重。熵值法的计算步骤为：

（1）计算第j项指标中第i年的指标数据标准值的比重（p）：

$$p_{ij} = \frac{R_{ij}}{\sum_{i=1}^{m} R_{ij}}$$

（2）计算第i年第j项指标的信息熵 e_j：

$$e_j = -k \sum_{i=1}^{m} p_{ij} \ln(p_{ij})$$

式中：常数 $k = \dfrac{1}{lnm} > 0$，m 为评价年数。

（3）计算第 j 项指标的信息熵冗余度 d_j：

$$d_j = 1 - e_j$$

（4）计算得出第 j 项指标的权重 ω_j：

$$\omega_j = \frac{d_j}{\sum_{i=1}^{n} d_j}$$

式中：m 为评价年数，n 为指标数量。

三、社会生态系统熵模型

社会生态系统状态反映了系统的即时表现，是系统活动的无序性与其空间承载能力相互作用的结果。假设系统空间承载能力固定不变，系统活动的无序程度越高，系统发生突变的概率也就越大，从而导致系统稳定性降低；相反，则系统越稳定。基于此，可以建立社会生态系统状态的函数表达式：

$$E \infty \frac{M}{C}$$

式中：E 为社会生态系统状态；M 为社会生态系统活动无序度；C 为社会生态系统空间承载力。

依据玻尔兹曼熵，结合社会生态系统状态函数，建立社会生态系统熵模型：

$$S = kln\frac{M}{C}$$

式中：S 为社会生态系统熵；k 为社会生态系统或活动主体和活动空间的

协调系数。当$S>0$时，社会生态系统处于不稳定状态；$S=0$时，社会生态系统处于临界状态；$S<0$时，社会生态系统处于稳定状态。结合各项指标的标准化值及权重，采用加权求和法计算社会生态系统活动无序度（M）和社会生态系统空间承载力（C）。

第二节　社会生态系统熵空间特征

根据公式计算出淮河生态经济带各市社会生态系统熵值，将最终计算结果进行归一化处理，把淮河经济带分为低熵区（$0 \leqslant S < 0.333$）、中熵区（$0.333 \leqslant S < 0.666$）、高熵区（$0.666 \leqslant S < 1$）并利用Arcgis10.8绘制淮河生态经济带社会生态系统熵空间分布图。

表4-2　社会生态系统熵值

市名	2005年	2010年	2015年	2020年
淮北市	0.94702	0.63389	0.66617	0.00514
亳州市	0.81166	0.53646	0.18822	−0.49142
宿州市	0.91864	0.52878	0.00052	−0.45634
蚌埠市	0.68661	−0.01797	−0.09114	−0.54115
阜阳市	0.63423	0.39226	−0.08924	−0.79996
淮南市	0.69037	0.42652	0.53107	−0.13031
滁州市	0.42128	0.00039	−0.48176	−1.17602
六安市	−0.02509	−0.24006	−0.50093	−0.95993
徐州市	0.62812	−0.08506	−0.50233	−1.09541
连云港市	1.08347	0.24835	−0.15621	−0.56474

续表

市名	2005年	2010年	2015年	2020年
淮安市	0.01124	−0.45369	−0.80535	−1.30640
盐城市	0.29286	−0.36396	−0.99455	−1.20338
扬州市	0.12203	−0.94913	−0.94601	−1.39904
泰州市	0.10772	−0.10958	−0.76915	−1.24176
宿迁市	0.20029	−0.41119	−0.88824	−1.23087
平顶山市	0.86455	0.22081	0.46691	−0.47174
漯河市	1.12793	0.25627	0.23039	−0.34295
南阳市	−0.05813	−0.60088	−0.66322	−1.18844
商丘市	0.89191	0.29766	0.23616	−0.36479
信阳市	−0.15488	−0.41098	−0.49122	−1.13824
周口市	0.76102	0.30325	−0.05565	−0.58439
驻马店市	0.31531	0.07261	−0.17539	−0.60756
枣庄市	0.59502	0.28918	−0.17275	−0.05361
济宁市	0.42631	0.21702	−0.33647	−0.81707
临沂市	0.16095	0.12235	−0.32434	−0.63166
菏泽市	0.66851	0.20477	−0.26610	−0.85559

　　通过将2005—2020年淮河经济带26市社会生态系统熵值进行空间可视化处理可以发现，研究区域各市社会生态系统熵存在较为明显的空间差异，并随着时间发生空间演替。

　　2005—2020年，在淮河经济带中心区域，社会生态系统熵值向外围逐渐减小，而系统的稳定性则表现出相反的趋势，即从中心区域向四周逐步增强。2005—2010年，空间上中熵区和高熵区分布范围占主导优势，但高熵区范围在逐渐减小，由2005年19个高熵区城市减少至2010年8个中熵区城市，如菏泽、济宁、连云港等城市由高熵区演变为中熵区，社会生态系统稳定性在增强；2010年—2015年空间上中熵区分布范围占绝对优势，由2010年8个高熵区、16个中熵区、2个低熵区转变为2015年3个高熵区、17个中熵区、6个低熵区，熵值普遍降低。其中，南阳、扬州、泰州等市已经处于低熵区；但是值得注意的是平顶山市由中熵区演变为了高熵区。2015—2020年空间上中熵区和低熵区分布范围占主导优势，2020年淮河经济带全域未出现高熵区，淮河经济带东部片区和西部片区均处于稳定状态。

第三节　社会生态系统状态评价

一、社会生态系统活动无序度评价结果

根据社会生态系统活动无序度评价模型求得2005—2020年间淮河生态经济带社会生态系统的无序度指数，如表4-3所示。

表4-3　社会生态系统无序度指数

年份	2005	2010	2015	2020	期间变化
无序度指数	3.4811	3.2440	3.1094	2.3919	−1.0892

表4-3中的社会生态系统的无序度指数，实际反映了熵值的变化，该指数的计算基于熵的原理。由计算结果可以得出：淮河生态经济带无序度指数由2005年的3.4811减少到2020年的2.3919，指数下降了1.0892，表明淮河生态经济带在此期间社会生态系统总体朝着有序的方向发展。究其原因：一方面是随着我国农村经济体制改革的进行和城镇化战略的调整，淮河生态经济带城市化进程加快，城市现代化水平提高，城乡基础设施建设差异逐渐缩小，农村地区的社会保障体系逐渐完善，城乡居民收入差距减小；从地区生产总值内部来看，淮河生态经济带的二、三产业产值比重从2005年的大约70%上升到2020年的90%左右，与之相应的，第一产业的产值比例持续减

少，这反映了产业结构的优化，使之向更加稳定的方向变化。另一方面，随着现代化进程的加快，人均受教育程度提高，人们的环保意识更强，越来越多的人提倡环境友好型的生活方式，工业二氧化硫排放量和工业固体废物产生量都逐年下降；与此同时，大力推进的化肥农药零增长行动，减少了化肥的使用量，从源头上预防和控制了人类活动对生态系统的负面影响。

根据表4-3中权重结果显示，工业二氧化硫排放量、工业固体废物产生量、城镇化进程以及外贸依存度是影响社会生态系统混乱程度的关键因素。这些因素在社会生态系统的发展过程中起着至关重要的指导作用。如果这些因素得到合理控制，社会生态系统运行将会更加有序，系统状态将变得更稳定，无序程度会逐渐降低。相反，如果管理不当，系统无序程度则会增加。

二、社会生态系统空间承载力评价结果

根据社会生态系统空间承载力评价模型测算淮河生态经济带2005—2020年间的承载力水平，结果如表4-4所示。

表4-4　社会生态系统空间承载力

年份	2005	2010	2015	2020	期间变化
空间承载力	2.2239	3.3531	4.2035	5.2854	3.0615

由表4-4可知：2005—2020年期间，淮河生态经济带的社会生态系统空间承载力在总体上呈现出稳定上升的趋势。换而言之，在此期间淮河生态经济带社会生态系统空间承载能力在不断加强，从2005年的2.2239增加到2020年的5.2854，年均增加了0.2041个单位的承载能力，呈现出一个良好的发展态势。究其原因：一方面，淮河生态经济带位于中国南北过渡区，其生态环境基本保持稳定，尚未经历大规模的开发活动。在2005—2020年期间，该区域的生态服务功能保持稳定，生物多样性较为丰富，生态系统服务能力基本未变，这主要归因于该地区的开发程度较低。另一方面，在社会不断进步的

背景下，淮河生态经济带经济发展水平也逐年提升，社会保障体系逐渐完善，注重提高人民福祉，积极推动教育、卫生事业的发展，以有效巩固和提升了淮河生态经济带社会生态系统空间承载力。

由表4-4可以看出：社会生态系统的自然承载力的影响作用是略大于人文承载力。在自然承载力中，生态系统服务价值平均值的承载能力是最强的，对地区生态环境起到了一定的承载作用；在人文承载力中，社会保障和就业支出的承载能力最强，对社会进步起到了一定的支撑作用。

三、评价结果分析

本研究通过社会生态系统活动的无序度评估和空间承载力评价来评估社会生态系统的状态，对比这两种评价结果之间的相互作用，从而对土地利用系统的整体状态进行综合评估，重点是系统稳定性的评价。根据社会生态熵模型计算淮河生态经济带社会生态系统熵，结果如表4-5所示。

表4-5　社会生态系统系统熵

年份	2005	2010	2015	2020	期间变化
系统熵	0.4481	−0.0331	−0.3015	−0.7929	−1.241

社会生态系统在漫长的时间演化中，表现出从无序向有序或是低级有序向高级有序的变化趋势。从数据分析得知，淮河生态经济带的社会生态系统熵值从2005年的0.4481降至2020年的−0.7929，下降了1.241，显示出该地区社会生态系统在此期间整体趋于稳定。这种稳定得益于社会生态活动的低无序度和较高的空间承载力的共同作用。此外，淮河生态经济带社会生态系统的稳定也是各地区社会生态系统状态互相叠加的结果。具体表现为淮河生态经济带2005年只有11.54%的城市社会生态系统保持稳定，而88.46%的城市社会生态系统显示出不稳定。到了2020年，情况有显著改善，96.15%的城市社会生态系统变得稳定，不稳定的比例下降至3.85%。

第四节　社会生态系统状态类型划分

根据系统熵值S的含义以及淮河生态经济带社会生态系统的实际熵值和空间分布，城市的社会生态系统状态可以被分类为三种不同类型，如表4-6所示。

表4-6　社会生态系统状态类型划分

状态类型	划分依据
冲突矛盾型	在实际测算中，S=0属于小概率事件，故本研究设为S>0.100；社会生态系统活动无序度大于社会生态系统空间承载力，社会生态系统呈现正熵流，系统处于不稳定状态。
临界警戒型	S∈[-0.100~0.100]。社会生态系统活动无序度趋于社会生态系统空间承载力，社会生态系统正负熵值大致相抵，系统处于临界状态。
和谐共融型	S<-0.100。社会生态系统活动无序度小于社会生态系统空间承载力，社会生态系统呈现负熵流，系统处于稳定状态。

冲突矛盾型的城市由2005年的23个城市，主要包括山东省四市，安徽省除六安市以外的7个城市，江苏省除淮安市以外的6个城市以及河南省除南阳市和信阳市以外的5个城市，相对较高的社会生态系统活动无序度超出其空间承载力，城市社会生态系统处于不稳定状态，到2020年未出现冲突矛盾型城市。在该类型中安徽省的淮北市、亳州市、宿州市，在2005—2015年期间系统熵值都在较高的水平，特别是淮北市在2015年社会系统熵值为0.6662，在整个淮河生态经济带最大，一方面，工业二氧化硫排放量和工业固体废物产生量较大，无序度较高；另一方面，水资源匮乏，卫生事业发展水平较低，空间承载力较低。2005年江苏省连云港市、河南省平顶山市、漯河市、周口市的社会生态系统熵值较大，特别是漯河市社会生态系统熵值最高，达到1.1279；平顶山市系统熵值在2005—2020年期间呈现出"下降—上升—下降"的趋势，其承载力水平在2010—2015年几乎保持不变的情况下，无序度增加了0.03305；其中，平顶山市、漯河市、周口市长期依赖高能耗行业如煤炭、石油等的粗放式发展，导致生态环境恶劣，自然承载能力较低；社会事业发展水平较低，教育文化、卫生事业发展仍有提升空间，区域研发投入

不足,创新成果有限,人才吸引力欠缺,社会生态系统空间承载力较低,区域现代化水平也较低,社会发展和资源环境保护之间的矛盾突出。

临界警戒型的城市数量在2005—2020年期间呈现出"上升—下降"的趋势,2005—2010年由六安市、淮安市、南阳市,到蚌埠市、滁州市、徐州市、驻马店市,至2020年减少到淮北市、枣庄市,这些城市均为"高无序度—高承载力",社会生态系统活动无序度趋近社会生态系统空间承载力,社会生态系统处于临界状态。其中安徽省六安市、山东省枣庄市经济和社会发展水平普遍不高,其人均GDP和城镇化水平都低于全国平均水平。这两个城市深处内陆、开放程度不高,外向型经济发展较为有限,现代产业体系不健全,社会生态系统无序度较大;但同时,六安市资源环境承载力处于较高水平区域,尽管六安市经济增长指数水平较低,但资源环境指数水平较高,六安市更加关注资源环境保护。滁州市位于安徽省东部,是长三角城市群的"沪宁合"发展主轴之一。2010年滁州市被纳入国家级皖江经济示范区,具备明显的区位战略优势。然而,滁州市的工业化进程相对滞后,第一产业在经济结构中比重过大,经济发展容易受到天气的影响。同时,第三产业比重过低,导致经济发展水平与其他方面不相匹配,这也是滁州发展的薄弱之处。较高的社会生态系统空间承载力在一定程度上可以抵消社会生态系统活动无序度产生的不利影响。

和谐共融型的城市由2005年的信阳市增加至2020年除安徽省淮北市、山东省枣庄市以外的24座城市,社会生态系统活动无序度低于社会生态系统空间承载力,社会生态系统处于稳定状态。在该类型的城市中比较有代表性的城市包括江苏省徐州市、扬州市、泰州市。这些城市社会生态系统活动无序度低,空间承载力较高,社会生态系统熵值均小于−1.000。这3座城市的综合发展水平位于淮河生态经济带前列,其中扬州市、泰州市位于苏中地区,受益于地理位置和交通条件,是淮河生态经济带中发展水平较高的城市。同时,它们紧邻上海和苏南地区,受到了这些地区经济辐射的强烈影响;徐州虽处于江苏经济欠发达的苏北地区,但它具有明显的区位优势,资源丰富,工业基础雄厚,因此成为江苏省苏北振兴和沿东陇海线产业带开发建设的重点地区;这3市资源环境承载力都属于高水平地区,总体来说社会生态系统空间承载力较大。同时,扬州市、徐州市、泰州市社会发展方面表现出色,

积极致力于改善人民生活，重视提升人民福祉，城乡居民收入差距较小；人口素质普遍较高，随着公众环境环保意识的提升，农业生产正朝着生态友好型发展转变，对化肥和农药等农业资材的使用已进行有效控制，工业废物的处理也取得了显著进展，社会生态系统活动无序度较低。较高的社会生态系统空间承载力及较低的社会生态系统活动无序度形成的负熵流恰好可以抵消系统内部熵值的增加，这样系统也就可以向有序化方向继续演化。

第五节　本章小结

淮河生态经济带2005—2020年社会生态系统熵值，由0.4481减少至−0.7929，15年间系统总体处于稳定状态，是各市社会生态系统叠加的结果，其中2005年仅有7.7%的城市社会生态系统处于稳定状态，到2020年有92.31%的城市系统处于稳定状态。社会生态系统高熵值区集中在淮河生态经济带东部。

社会生态系统状态划分为冲突矛盾型、临界警戒型、和谐共融型三种类型，和谐共融型的城市数量由2005年的0个增加至2020年的24个。2005—2010年矛盾冲突型是淮河生态经济带社会生态系统状态的主要类型，2010—2020年和谐共融型是社会生态系统状态的主要类型。

本章以社会生态系统活动无序度和空间承载力两个方面为基础，构建了社会生态系统的状态量化指标体系。在这个指标体系中，引入了熵的概念，通过建立社会生态系统熵模型来测度系统熵值。通过这种方式，我们可以深入探讨社会生态系统状态，并对其进行分类。这一研究结果不仅为社会生态系统状态研究提供量化方法，又拓展了熵在其他领域的应用，并加强了社会生态系统的理论基础。影响社会生态系统输入输出的内外部条件错综复杂，正确理解影响社会生态系统的关键因素是推动该系统有序化和可持续发展的重要基础，这也符合人类社会的发展目标。作为一个不断变化的体系，社会生态系统的动态变化和演进是未来研究的关键方向。

第五章　基于系统熵的淮河生态经济带乡村振兴中社会生态系统有序性研究

　　社会生态系统是指在特定的空间中，人、社会与所处的环境组成的不可分割的统一整体。它是由无数子系统所组成的多层次的复杂巨系统，包括生物圈、经济圈、社会圈，三大圈层之间相互作用、相互影响。在一定的时间和空间条件下，社会生态系统可以是协同有序地发展，也可以是杂乱无序的混沌状态。淮河生态经济带处于南北气候过渡带，关乎我国经济社会发展的总体布局。因此，深入研究淮河生态经济带社会生态系统有序性的演变历程，有助于引导淮河生态经济带社会生态系统从无序走向有序，从低级有序走向高级有序，为推进淮河流域绿色发展和生态文明建设，迈向实现社会主义现代化建设的新征程添砖加瓦。虽然目前关于社会生态系统的研究还停留在比较抽象的层面，但是关于系统状态和韧性恢复力等方面的研究已经取得了很大的进展，可以为淮河生态经济带社会生态系统有序性的时空演变规律及影响因子研究提供一定的借鉴。

第一节　有序性模型构建

一、社会生态系统关联熵测度模型

按照灰色系统理论，要计算出系统关联熵，首先必须确定每个序参量的真实值和期望值。真实值是指每个时间段的观察值，可以通过统计学或监测数据来获得；期望值则是指每个序参量的最佳状态或理想状态。由于序参量的影响程度不尽相同，因此最佳选择也会有所差异：若是正面的影响，那么最佳选择应当尽可能大；若是负面的影响，那么最佳选择应该尽可能小；此外，序参数的最优选取应该在一定的阈值之内，才能保证系统的正常运转。本章研究是通过分析各个指标对系统的影响来确定其目标函数，对于正向影响的指标，选取相应指标的年度最高值作为目标值；对于负向影响的指标，选取相应指标的年度最低值作为目标值；而对于中性指标，则是在其设定的合理阈值内进行选择。

依据灰色关联分析方法，设第i年份对最优年份关于第 j 个指标的关联系数为 δ_{ij}，则有：

$$\delta_{ij} = \frac{\Delta\min + \rho\Delta\max}{\left|y_j^* - y_{ij}\right| + \rho\Delta\max} \tag{1}$$

式中：$i=1,2,\cdots,m$，$j=1,2,\cdots,n$；y_j^* 为虚拟的理想评价对象的指标数值向量组；$y_{ij} = \dfrac{x_{ij}}{\sum_{i=1}^m x_{ij}}$；$\Delta\min=\min\left|y_j^*-y_{ij}\right|$；$\Delta\max=\max\left|y_j^*-y_{ij}\right|$；$\rho$（$0<\rho<1$）为分辨系数，通常取$\rho=0.5$。

根据灰色关联熵的定义及灰关联系数分布映射，灰色关联熵 S_i 可表示为：

$$S_i = -\sum_{j=1}^n P_{ij} \times \ln P_{ij} \tag{2}$$

式中：$i=1,2,\cdots,m$，$j=1,2,\cdots,n$；P_{ij}为第i年份第j项指标关联系数的比重，$P_{ij}=\delta_{ij}/\sum\limits_{j=1}^{n}\delta_{ij}$。

二、社会生态系统运行熵测度模型

熵值法可以用来评估社会生态系统的运行质量，通过计算各项指标的信息熵来确定它们的权重，进而发现系统中存在的问题并提出改进方案。特别是在对多指标问题进行综合评价时更为常用。通过计算各项指标的信息熵，可以将其权重展现为数量化的形式，从而找到社会生态系统中运行质量的薄弱环节，并对其进行改进。

利用熵值法，确定需要评估的各个参量指标，收集每个指标的相关数据，并进行归一化处理，使得各个指标具有相同的量纲。计算每个指标的信息熵，根据熵值计算权重。当一个指标的值发生较大的波动时，它的信息熵将越小，那么这个指标对系统有序性的影响程度越大，从而获得更高的权重；而当一个指标的值发生较小的波动时，它的信息熵将较高，那么这个指标对系统有序性的影响程度越小，从而获得更低的权重。

依据信息熵的定义，第j项指标的信息熵可表示为：

$$e_j = -k\sum_{i=1}^{m}(p'_{ij}\times\ln p'_{ij}) \tag{3}$$

在这个公式里：$i=1,2,\cdots,m$，$j=1,2,\cdots,n$；$k=1/\ln m$，这个常量是与年份有关的常数，以确保$0\leqslant e_j\leqslant 1$；$p'_{ij}=z_{ij}/\sum\limits_{i=1}^{m}z_{ij}$，表示第$j$项指标值在第$i$年份所占的比重。

信息熵的冗余度$d_j=1-e_j$，当d_j越大时，指标越重要，则有第j指标的熵权：

$$w_j = d_j/\sum_{j=1}^{n}d_j \tag{4}$$

系统的运行熵表示为：

$$R_i = \sum_{j=1}^{n} | w_j \left(y_j^* - y_{ij} \right) |^{\frac{1}{p}} \tag{5}$$

式中：$i=1,2,\cdots,m$，$j=1,2,\cdots,n$；一般情况下，取$p=1$（海明距离）。

三、淮河生态经济带社会生态系统有序性评价指标体系

社会生态系统是和外界交换着能量、物质和信息的开放系统，它的运动由生物与环境进行能量、物质、信息交换得以实现。其本质是以人类为核心，由多个元素和主体组成的复杂系统。在社会生态系统中，人类以主观能动性为驱动，通过各种活动和建立社会关系来影响和作用于社会生态客体。社会生态系统中的要素投入，如人力资源、物质资源、技术水平等，经过一定的运行和转化过程，最终以产出的形式体现。这些产出可以是经济产出、社会福利、环境效益等。同时，社会生态系统也受到外界环境的影响。社会生态系统与地理空间紧密相连，地理空间要素的连续性使得不同地区的社会生态系统具有差异性。此外，社会生态系统也是开放的，与外界环境进行着不断地交互和反馈。它需要通过调整、适应和反馈机制来与外界环境保持动态平衡。根据指标体系框架测度社会—生态系统有序性已得到学界认可，但由于区域间存在差异性，到目前为止尚未形成统一的社会—生态系统有序性测度指标体系。文中借鉴相关学者提出的社会—生态系统有序性评估框架，从投入指数、产出指数、环境指数三个维度构建社会生态系统有序性评价指标体系，根据这些指标的科学性、全面性以及数据的易用性，并考虑到该地区的具体情况，最终确定了26个指标（表5-1）。

（一）投入指数

投入是指人类以社会生态系统为载体从事生态活动所投入的各种要素资

源，主要包括土地、资本、劳动力等五项指标。其中地方一般财政支出衡量政府应对社会系统恶化的能力，社会保障支出衡量政府对社会保障的支持力度。同时，由于社会生态系统的特殊性，选择环保支出反映政府对于环保方面的支持力度，指标的数值越大，对生态环境的持续进步更为有益，进而促使社会生态系统向着有序的方向发展。此外，选用土地利用强度来反映系统土地的利用程度，选择劳动人口比重来衡量系统劳动投入水平。

（二）产出指数

以人为核心的主体对社会生态系统进行要素投入，进行各种活动和建立社会关系，经过一定的运转和转化，最终以产出的形式体现。社会生态系统的有序性可以通过产出效率的高低来评估。本书通过查阅文献以及各项统计数据，最终选取人均GDP、第一产业产值、第二产业产值、第三产业产值、社会消费品总额、居民消费价格指数、固定资产投资额、建设用地面积、卫生机构床位数、普通中学生在校人数、公路里程、城镇化率等十二项指标来衡量社会生态系统的产出。

（三）环境指数

地理环境要素是社会生态系统的重要构成部分，社会生态系统的发展和演变必然受到外界环境因素的影响。根据地理环境基本要素类型，可以将其分为自然地理要素和人文地理要素，自然地理要素通常包括气候、山势地貌、水文植物等，与地域内地理环境布局有关，人文地理要素一般包含各种资源、总人口、城镇化、产业开发等，与人们认知能力和社会发展水平相关。基于此，本书选取建成区绿地覆盖率、生态用地面积、水资源总量、耕地面积、空气质量非优良天数比例、生态服务价值、综合能源消耗量、工业二氧化硫排放量、工业废水排放量九项指标来反映社会生态系统的环境状况。其中，建成区绿地覆盖率反映城市系统绿色覆盖，生态用地面积衡量整体系统土地用于生态部分的多少，生态用地面积越大，越有利于系统的稳定。水资源总量用来衡量系统的调节能力，一般而言，水资源总量越大，系统维持自身稳态的能力越强。耕地面积是衡量系统耕地水平的重要指标。空气质量非优良天数比例用来衡量系统的空气质量，比例越大，系统越趋于不稳定。生态系统服务价值反映社会生态系统对人类的贡献。综合能源消耗量衡量能源的利用效率，工业二氧化硫排放量和工业废水排放量分别用来衡量系统二氧化硫以及工业废水的排放水平，指标值越大，表示系统对二氧化硫及工业废水的处理效率越低下，越不利于系统的有序发展。

表5-1 社会生态系统有序性评价指标体系

目标层	评价指数	评价指标	要素含义	指标性质
社会生态系统有序性	投入指数	地方一般财政支出（X_{i1}）	衡量政府应对社会系统恶化的能力（亿元）	+
		社会保障支出（X_{i2}）	衡量政府对社会保障的支持力度（亿元）	+
		环保支出（X_{i3}）	衡量政府对环保的支持力度（亿元）	+
		土地利用强度（X_{i4}）	衡量系统土地利用程度（亿元/km^2）	+
		劳动力人口比重（X_{i5}）	衡量系统劳动投入水平（%）	+
	产出指数	人均GDP（X_{i6}）	衡量人民生活水平（元）	+
		第一产业产值（X_{i7}）	衡量产业结构平衡问题（亿元）	+
		第二产业产值（X_{i8}）		+
		第三产业产值（X_{i9}）		+
		社会消费品总额（X_{i10}）	衡量系统消费能力（亿元）	+
		居民消费价格指数（X_{i11}）	衡量居民消费水平	+
		固定资产投资额（X_{i12}）	衡量社会再生资本推动力（亿元）	+
		建设用地面积（X_{i13}）	衡量建设用地水平（km^2）	+
		卫生机构床位数（X_{i14}）	衡量社会环境稳定性（张）	+
		普通中学生在校人数（X_{i15}）	衡量受教育程度拉动力（万人）	+

续表

目标层	评价指数	评价指标	要素含义	指标性质
社会生态系统有序性	产出指数	公路里程（X_{i16}）	衡量系统交通水平（km^2）	+
		城镇化率（X_{i17}）	衡量城镇化发展水平（%）	+
	环境指数	建成区绿地覆盖率（X_{i18}）	衡量城市系统绿色覆盖（%）	+
		生态用地面积占比（X_{i19}）	衡量居民生活质量（%）	+
		水资源总量（X_{i20}）	衡量生态系统调节能力（亿立方米）	+
		耕地面积（X_{i21}）	衡量系统耕地水平（千公顷）	+
		空气质量非优良天数比例（X_{i22}）	衡量空气质量等级（%）	—
		生态服务价值（X_{i23}）	衡量社会生态系统对人类的贡献（元/km^2）	+
		综合能源消耗量（X_{i24}）	衡量能源利用效率（吨标准煤）	—
		工业二氧化硫排放量（X_{i25}）	衡量二氧化硫排放水平（吨）	—
		工业废水排放量（X_{i26}）	衡量工业废水排放水平（万吨）	—

第二节　数据处理与模型运算

在应用熵值法进行指标权重计算时，不同指标之间可能存在量纲或数量级的不同。因此，需要对指标数据进行无量纲化处理，以确保各个指标具有相同的变化范围和量纲。本书采用极值标准化方法对数据进行无量纲化，在计算信息熵时，如果指标的值域跨度较小，可能会导致其信息熵较小，进而影响指标的权重计算结果。为了避免这种情况，可以对每个指标的信息熵做平移运算，使得各指数值非负。记X_{ij}为i年j指标的数值（$i=1$，2，$\cdots$，m，$j=1$，2，$\cdots$，n），则标准化之后的值Z_{ij}为：

当X_{ij}是正向指标时：

$$Z_{ij} = 1 + \frac{X_{ij} - \min\left(X_{1j}, X_{2j}, \ldots, X_{mj}\right)}{\max\left(X_{1j}, X_{2j}, \ldots, X_{mj}\right) - \min\left(X_{1j}, X_{2j}, \ldots, X_{mj}\right)} \quad （6）$$

当X_{ij}是逆向指标时：

$$Z_{ij} = 1 + \frac{\max\left(X_{1j}, X_{2j}, \ldots, X_{mj}\right)}{\max\left(X_{1j}, X_{2j}, \ldots, X_{mj}\right) - \min\left(X_{1j}, X_{2j}, \ldots, X_{mj}\right)} \quad （7）$$

计算关联熵。根据公式（6）、（7），将所选择的有关指标数据无量纲化，并根据公式（1）计算淮河生态经济带社会生态系统有序性关联系数δ_{ij}（表5-2）。

表5-2　社会生态系统有序性关联系数

评价指标	2005年	2010年	2015年	2020年
X_{i1}	0.3333	0.4054	0.6082	1.0000
X_{i2}	0.3333	0.3889	0.5271	1.0000
X_{i3}	0.3333	0.4248	0.6087	1.0000
X_{i4}	0.3333	0.3796	0.6286	1.0000
X_{i5}	0.4358	1.0000	0.4966	0.3333
X_{i6}	0.3333	0.4083	0.5531	1.0000
X_{i7}	0.3333	0.4271	0.6483	1.0000
X_{i8}	0.3333	0.4414	0.6463	1.0000
X_{i9}	0.3333	0.3798	0.5108	1.0000
X_{i10}	0.3333	0.3929	0.5741	1.0000
X_{i11}	0.3847	1.0000	0.3333	0.6120

续表

评价指标	2005年	2010年	2015年	2020年
X_{i12}	0.3333	0.3812	0.6139	1.0000
X_{i13}	0.3333	0.5197	0.6857	1.0000
X_{i14}	0.3333	0.3837	0.5852	1.0000
X_{i15}	0.3333	0.3498	0.5596	1.0000
X_{i16}	0.3333	0.6182	0.6799	1.0000
X_{i17}	0.3333	0.4263	0.6034	1.0000
X_{i18}	0.3333	0.3402	0.3417	1.0000
X_{i19}	0.3333	0.4258	0.5486	1.0000
X_{i20}	1.0000	0.3356	0.3333	0.6950
X_{i21}	0.3333	0.6475	0.6092	1.0000
X_{i22}	0.8625	1.0000	0.3333	0.4229
X_{i23}	0.5155	0.6688	0.3333	1.0000
X_{i24}	1.0000	0.4320	0.3599	0.3333
X_{i25}	0.3333	0.3832	0.3931	1.0000
X_{i26}	0.5866	0.3333	0.5284	1.0000

　　通过对关联系数 δ_{ij} 进行归一化处理，并应用公式（2）得出2005—2020年间淮河生态经济带社会生态系统的关联熵 S_i（图5-1）。

　　计算系统的运行熵。在对淮河生态经济带社会生态系统指标数据进行标准化处理后，求出第i年份第j项指标值所占的比重 P_{ij}，然后用公式（3）计算第j项指标的信息熵 e_j，并通过冗余度 d_j，根据公式（4）确定权重 w_j（表5-3）。

　　利用公式（5）可以得到2005—2020年系统运行熵 R_i 的计算结果（图5-2）。

第三节　有序性特征分析

一、关联熵特征分析

第一阶段（2005—2015年）：淮河生态经济带社会生态系统关联熵呈逐年上升趋势，表明系统结构趋于无序状态（图5-1）。对指标数据进行分析可知，水资源总量、综合能源消耗量、工业废水排放量三项指标的关联系数减小，引起系统的关联熵增加，最终使得系统结构趋于混乱无序。结合淮河生态经济带发展相关情况可知，造成这种现象的原因可以归结为工业化进程和社会发展对生态环境的破坏两方面。一方面，社会发展带来的工业化进程对生态环境产生了巨大冲击。工业化过程中的大规模生产、能源消耗和废弃物排放，极大地加剧了空气、水源和土壤的污染。例如排放到大气中的尾气、工业废水和化学品残留物对人类的健康和生态系统造成了严重的威胁。这些污染不仅会导致气候变化和生物多样性丧失，还会影响农作物产量和水资源的可持续利用。另一方面，自然资源是人类社会生存和发展的重要基础，自然资源是指自然界中存在的一切可供人类使用的物质和能源，如土源、矿产、森林、空气等。虽然自然资源对人类的生存和发展起着至关重要的作用，但由于人类对自然资源的过度开发与管理不当，导致了严重的生态环境问题和资源匮乏的风险。例如，森林被过度砍伐，导致了生态平衡的破坏和物种灭绝的风险。水资源的过度开采导致了地下水位下降、水源污染和水生生物的灭绝。土地的过度开垦使得原本肥沃的土地变得贫瘠，导致了土地退化和农作物减产。生态环境的破坏不仅损害了人类的生活质量，还使许多生物失去了生存的环境，对整个生态系统产生了严重影响。

表5-3　淮河生态经济带社会生态系统各指标信息熵和权重统计

信息熵和权重	X_{i1}	X_{i2}	X_{i3}	X_{i4}	X_{i5}	X_{i6}	X_{i7}	X_{i8}	X_{i9}
e_j	0.8793	0.8686	0.8784	0.8829	0.8619	0.8719	0.8826	0.8816	0.8662
w_j	0.0336	0.0365	0.0338	0.0326	0.0384	0.0356	0.0326	0.0329	0.0372
	X_{i10}	X_{i11}	X_{i12}	X_{i13}	X_{i14}	X_{i15}	X_{i16}	X_{i17}	X_{i18}
e_j	0.8754	0.8260	0.8811	0.8809	0.8773	0.8744	0.8754	0.8776	0.8224
w_j	0.0347	0.0484	0.0331	0.0331	0.0341	0.0349	0.0347	0.0340	0.0494
	X_{i19}	X_{i20}	X_{i21}	X_{i22}	X_{i23}	X_{i24}	X_{i25}	X_{i26}	
e_j	0.8705	0.8171	0.8674	0.8248	0.8304	0.8310	0.8406	0.8601	
w_j	0.0360	0.0509	0.0369	0.0487	0.0472	0.0470	0.0443	0.0389	

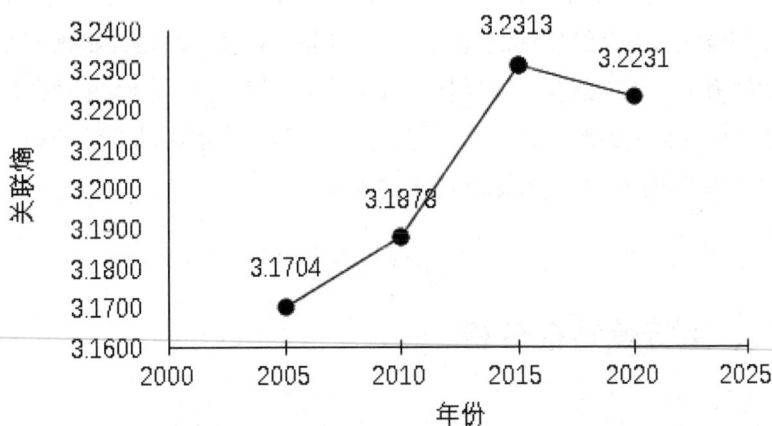

图5-1　2005—2020年淮河生态经济带社会生态系统关联熵变化趋势

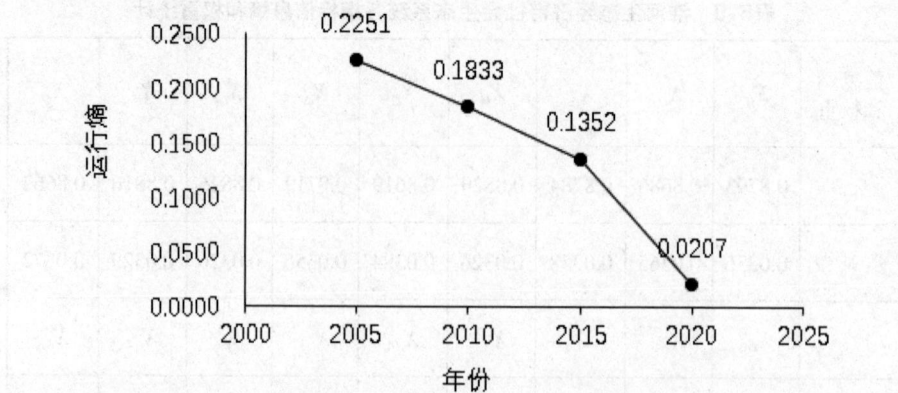

图5-2 2005—2020年淮河生态经济带社会生态系统运行熵变化趋势

第二阶段（2015—2020年）：淮河生态经济带社会生态系统关联熵呈逐年下降趋势，表明社会生态系统逐渐趋于有序（图5-1）。对指标数据进行分析可知，地方一般财政支出、社会保障支出、环保支出、土地利用强度、人均GDP、第一产业产值、第二产业产值、第三产业产值、社会消费品总额、固定资产投资额、建设用地面积、卫生机构床位数、普通中学生在校人数、公路里程、城镇化率、建成区绿地覆盖率、生态用地面积占比、工业二氧化硫排放量18个指标的关联系数逐渐增大，共同推动了系统结构朝着有序的状态发展。此阶段淮河经济带各省市政府开始注重经济发展与生态保护的平衡，积极践行可持续发展的理念，加大对重点产业和战略性新兴产业的支持和扶持力度，不断优化产业结构，健全社会保障制度，加大在社会建设以及生态环保方面的财政支出，推动绿色生产和可再生能源的开发和利用，促进节约资源的可持续利用和循环经济的发展。

二、运行熵特征分析

采用熵权法得出的权重，对于评价各个指标对淮河生态经济带社会生态系统运行效率的影响力提供了关键依据。对表5-3进行分析我们发现，不

同的指标对淮河生态经济带的运行效率有着不同程度的影响，其权重值在
0.0326至0.0509之间。为了更好地衡量各个指标的权重，我们采用中值分段
法，将各个指标的影响程度划分为五个等级，这样可以更好地理解和描述淮
河生态经济带社会生态系统的运行情况（表5-4）。

表5-4　淮河生态经济带社会生态系统运行效率影响因素分级

影响程度	权重区间	指标信息
最大	0.0050~0.0055	X_{i20}
较大	0.0045~0.0050	X_{i11}、X_{i18}　X_{i22}　X_{i23}　X_{i24}
一般	0.0040~0.0045	X_{i25}
较小	0.0035~0.0040	X_{i2}、X_{i5}　X_{i6}　X_{i9}　X_{i19}　X_{i21}　X_{i26}
最小	0.0030~0.0035	X_{i1}　X_{i3}　X_{i4}　X_{i7}　X_{i8}　X_{i10}　X_{i12}　X_{i13}　X_{i14}、X_{i15}、X_{i16}、X_{i17}

　　近年来，淮河生态经济带围绕"一带、三区、四轴、多点"的总体格
局，不断加大财税扶持力度，完善生态安全屏障体系，始终以自然资源环境
承载能力为主要依据，充分发挥各种优势，推进沿淮社会经济集聚发展、流
域交互协调，共同构建美丽宜居、生机勃勃、和谐有序的生态建设经济带。
建立最严格的用水管理机制，全方位执行好供水数量、供水质量、水功能限
制纳污三个发展规划红线，以淮河干流、南水北调东线输出干道及城乡集中
式饮用水水源地为着力点，实施更加严苛的水资源管控措施，确定"两线多
点"的水资源保护目标，加强淮河流域、南水北调东线输出干路和城市居民
的饮用水水源。国务院相关部门应根据其职能范围，密切配合提供全方位的
帮助，包括但不限于：推动淮河流域的发展；落实相应的政策；推进跨区域
的大规模基础设施；提供充足的资金；推动机制的变革与创新；加强江苏、
安徽、山东、河南、湖北省省级的财务管理，全力推动淮河流域的可持续发
展。促进"多规合一"的实施，积极探索和实施有效的空间规划，并大力支
持传统的工业和资源型城镇的改造和发展，构筑一个具有潜力的产业升级示
范园。此外，淮河生态经济带不断完善基础设施建设，提高生产效率，重视

教育、医疗、交通、生态环境等领域的发展，促进地区之间的互联互通，优化区域布局和协调发展，实现经济生态的平衡发展。虽然淮河生态经济带社会生态系统整体运行已趋向有序，但仍然存在一些挑战需要解决，如人口增长、自然灾害、水污染和经济滞后等问题。在未来的发展道路上，应投入更多的资源补足经济增长与生态保护之间的不足，确保淮河生态经济带社会生态系统能够在有序、健康发展的道路上持续向前推进。

第四节　本章小结

本章应用耗散结构系统熵理论与方法，从社会生态系统的主体、客体和环境三要素入手构建指标体系，计算淮河生态经济带社会生态系统的关联熵和运行熵，其中关联熵用来测度系统内部结构的有序性，运行熵用来衡量系统整体运行的有序性，以此来测算淮河生态经济带社会生态系统的运行状态。这不仅标志着耗散结构系统熵理论在应用领域的重大突破，而且也为系统有序性的定量分析提供了一种精确、可靠的方法。通过深入细致的调查与研究，得出的结论如下：

淮河生态经济带社会生态系统内部结构有序性呈现阶段性特征。2005—2015年，由于受到工业化进程和社会发展对生态环境的破坏两方面因素的影响，淮河生态经济带社会生态系统结构趋于混乱。2015—2020年，随着财政投入的不断加大、社会基础设施的持续改善、社会经济水平显著提高、生态修复力度逐渐加大，淮河生态经济带经济高速发展、生态环境得到有效保护和改善，促使淮河生态经济带社会生态系统结构趋于有序。

淮河生态经济带社会生态系统整体运行呈现有序化趋势，表现出"从无序走向有序，从低级有序走向高级有序"的规律性。2015—2020年，淮河生态经济带各省市强化生态保护的理念，推进统筹协调发展，深化产业结构调整，完善基础设施建设，淮河生态经济带社会生态系统的运行逐渐趋于

有序。

　　淮河生态经济带社会生态系统的内部结构及运行机制需要进一步完善与提升。尽管淮河生态经济带社会生态系统的内部结构与运行已显现出协调有序之势，但要达到一个更高水平的有序水平仍面临着诸多挑战。

　　在未来的发展道路上，淮河生态经济带各省市应针对目前迫切需要解决的问题集中资源补足经济发展中的薄弱环节和不足，推进一二三产业深度融合，加强技术创新，推动区域互联互通，实现经济生态平衡的高质量发展，促进淮河生态经济带社会生态系统有序健康发展。

第六章　淮河经济带社会生态系统韧性（恢复力）时空变化及影响因素研究

　　恢复力被视为社会生态系统的核心特性，它是全球环境变化中的人文因素规划的中心思想。在面对外部或内部的干扰时，恢复力主要关注系统保持其功能的控制能力；稳定性主要研究系统在偏离平衡后的恢复能力；而恢复力则更多地关注在变化中的可持续性。这为研究全球变化和可持续发展提供了一个创新的思考方式，并逐步使社会生态系统成为新的发展方向。

　　社会生态系统理论综合考察了社会、经济、生态等各体系内部和系统之间的相互作用，为研究生态区系统动态和调节韧性机制提出了崭新的思路。由于近年来社会的不断发展，"社会生态韧性"的概念认知已广泛应用于城市韧性相关研究与实践中。韧性（resilience）一词来源于拉丁语resilio，意为"受挫后恢复原状"，曾在不同时代应用于不同学科。从历史文献来看，19世纪以来，韧性广泛应用于物理工程领域，用以描述金属在外力作用下形变而复原的能力；20世纪50年代至80年代广泛用于心理学，用于描述精神创伤的恢复状况。美国研究者Holling将韧性这一概念融入生态学的研究中，并描述韧性为一个系统在接受外部干扰后，能够恢复到稳定并适应各种变化，从而达到一个新的稳定状态的能力。随着时间的推移，这个概念得到了更深入的拓展。学者们不再过分强调系统的稳定状态，而是更多地关注系统在遭受外部干扰后，如何持续地自我调整和适应，以实现更优的状态，这是一个非均衡的动态过程。

社会生态系统视角下的韧性实践强调系统思维、目标导向、能力建设和过程联动的协同。与传统的应急管理思维不同，社会生态韧性更为关注系统长期适应性应对能力的建设，即要求工作做在平时，而非只是依靠预案式的应急响应。

因此，采用韧性评估方法对社会生态系统进行全方位的评估，并深入分析其在空间和时间上的分异和演变规律以及研究其影响因素，对于区域可持续发展具有极其重要的理论和实践意义。

第一节　韧性评价体系与模型

一、基于改进PSR模型的韧性评价体系构建

PSR模型及评价指标体系被广泛应用于各个生态系统的健康评价，因其具有逻辑性、灵活性和全面性，在PSR模型中，"压力"指标表示人类社会发展对生态环境的压力或负荷，"状态"指标表示生态环境系统所处的状态及变化情况，"响应"指标表示人类为减轻和预防人类活动对生态环境造成的负面影响而采取的调控措施。PSR模型是由压力、状态和响应这三个准则层组成的，这些准则层之间存在相互的影响和作用，形成了一个有机的整体结构。这三个准则层的总和将决定淮河生态经济带社会生态系统的韧性得分。

（一）压力指标选取

社会生态系统面临的挑战主要源自两方面，一方面是自然环境的压力，如水污染和洪灾；另一方面是随着社会经济发展而出现的内部压力，包括资源流动不畅、基础设施滞后，创新发展能力不足等人为灾害。通过对淮河生态经济带研究的梳理总结，选取空气质量非优良天数比例、全年平均温度、年降水量、水资源总量来衡量社会生态系统所受的自然环境的影响；采取工业废水排放量、工业二氧化硫排放量、化肥施用量、失业率来衡量系统所遭受的人为的影响情况。

（二）状态指标选取

系统状态反映了各种压力和驱动力的共同影响，对这一状态及其变化进行监控是研究压力的根本，并构成了分析反映的起点。通过对韧性研究的梳理总结，在生态资源子系统中选取耕地面积、建成区绿化覆盖率、森林覆盖率、节能环保支出、城镇化率作为评价指标；在社会经济子系统中选取中、小学在校人数、城镇、农村居民人均可支配收入及第一、二、三产业总产值作为评价指标。

（三）响应指标选取

响应是系统在稳定运行或遭受外部打扰和影响后的后续过程，涉及逐步实施并发挥作用的各种措施。本书选取用社会保障和就业支出、卫生机构床位数、人工造林面积、粮食总产量、生物多样性、生态服务价值、地方财政一般支出、植被覆盖指数以上8个指标构成PSR模型中的响应层。

表6-1　淮河生态经济带社会生态系统韧性评价指标体系

目标层	准则层	因素层	指标层	指标属性	
社会生态系统韧性	压力	自然风险	空气质量非优良天数比例	负向	1
			全年平均温度	正向	2
			年降水量	正向	3
			水资源总量	正向	4
		人为风险	工业废水排放量	负向	5
			工业二氧化硫排放量	负向	6
			化肥施用量	负向	7
			失业率	负向	8
	状态	生态资源	耕地面积	负向	9
			建成区绿化覆盖率	正向	10
			森林覆盖率	正向	11
			节能环保支出	正向	12
			城镇化率	正向	13
		社会经济	中学在校人数	负向	14
			小学在校人数	负向	15
			城镇居民人均可支配收入	正向	16
			农村居民人均可支配收入	正向	17
			第一产业总产值	正向	18
			第二产业总产值	正向	19
			第三产业总产值	正向	20
	响应	恢复能力	社会保障和就业支出	正向	21
			卫生机构床位数	正向	22
			人工造林面积	正向	23
			粮食总产量	正向	24
		学习能力	生物多样性	正向	25
			生态系统服务价值	正向	26
			地方财政一般支出	正向	27
			植被覆盖指数	正向	28

二、韧性评价模型

本研究在处理不同数量级、量纲和维度的指标时发现，这些指标的性质各异，因此首要任务是对这些指标进行规范化和标准化。通过极差法对数据进行了标准化处理。在指标的性质标为"+"时，指标值较大则更有助于达成上级目标，此时采用正向算式：

$$Y_{ij} = (X_{ij} - X_{jmin}) / (X_{jmax} - X_{jmin})$$

当指标性质为"−"时，指标值越大则不利于达成上一级目标，此时运用负向算式：

$$Y_{ij} = (X_{jmax} - X_{ij}) / (X_{jmax} - X_{jmin})$$

式中：X_{ij}、X_{jmax}、X_{jmin} 和 Y_{ij} 分别为第 i 研究单元的第 j 指标的原始值、最大值、最小值和标准值；$i=1,2,\cdots,m$；$j=1,2,\cdots,n$。

确定韧性评价指标权重是评价的关键步骤，其中熵值法因其在社会经济学中的广泛应用而显得尤为重要。该方法的主要优势在于它可以解决指标信息重叠问题，并能有效展现指标信息的实际价值。基于此，本研究采用熵值法来计算淮河生态经济带各城市社会生态韧性的评价指标权重。计算过程如下：

基于标准化值 Y_{ij}，计算第 j 项指标下第 i 个研究单元指标值的比重 P_{ij}：

$$P_{ij} = Y_{ij} / \sum_{i=1}^{m} Y_{ij}$$

计算第 j 项指标的熵值 e_j：

$$e_j = -k \sum_{i=1}^{m} P_{ij} \ln P_{ij}, k = 1/\ln m$$

计算第 j 项指标的差异性系数 g_i：

$$g_i = 1 - e_j$$

计算第 j 项指标的权重 w_j ：

$$w_j = g_i \Big/ \sum_{j=1}^{n} g_i$$

式中：$i=1, 2, \cdots, m$；$j=1, 2, \cdots, n$。

通过熵权法计算得出各指标的权重，并据此获得各层指标的得分及总韧性评分，这些数据用来评估压力、状态和响应的情况以及整体的韧性水平。在确认了各指标的权重 W_j 之后，分别计算压力、状态和响应这三个层面的得分及总韧性得分，这些得分分别标记为 P、S、R 和 Q。计算公式分别为：

$$P = \sum_{j=1}^{8} W_j p_{ij} \quad (\, i = 1, 2, \cdots, m\,)$$

$$S = \sum_{j=9}^{20} W_j p_{ij} \quad (\, i = 1, 2, \cdots, m\,)$$

$$R = \sum_{j=21}^{28} W_j p_{ij} \quad (\, i = 1, 2, \cdots, m\,)$$

$$Q = P + S + R$$

在计算信息熵的过程中，所有负向指标已经转换为正向指标，这意味着无论是指标层或准则层的得分，得分越高则为更好。例如，压力层的高分表示压力较低，可以解释为压力状况较好；同样，较高的韧性得分则说明社会生态系统的韧性状况较好。

三、生态承载力分析模型

"生态承载力指的是生态系统对外界干扰的抵御能力，以及维持其结构和功能的稳定性"，这是海外学者最初对生态承载力的定义。中国学者王家

骥则认为，生态承载力反映了自然系统的调节能力。综合来看，生态承载力的概念整合了社会、环境等多方面因素，为全球承载力的分析提供了更深入的视角。

根据PSR模型和淮河生态经济带的具体条件，本研究界定了压力系统、弹性力系统和支撑力系统，对应于PSR模型的压力、状态和响应指标。这里的"压力"指的是自然或人类活动对该地区所产生的影响；"状态"则描述了该地区社会生态系统的自然调节现状；"响应"涉及在压力和状态调节之后采取的管理措施。本研究通过分析这三个子系统及其指标权重与数值的关系，计算了淮河生态经济带的生态承载力。具体公式如下：

①压力指数：$EEI = \sum_{j=1}^{m} Y_{ij} \times W_j$

②生态弹性力指数：$ESI = \sum_{j=1}^{m} Y_{ij} \times W_j$

③生态支撑力指数：$EPI = \sum_{j=1}^{m} Y_{ij} \times W_j$

④生态承载力：$EC = \sum_{j=1}^{m} A_j$

其中，Y_{ij}为标准化指标值；W_j为指标权重；A_j为准则层的评价结果。

在制定分级标准、划分生态承载力等级时，结合当地实际情况，在已有相关成果的基础上，将其评价结果取值范围［0，1］，按等间距法分为五个等级（见表6-2）。

表6-2　生态承载力分级

指标值	压力	弹性力	支撑力	生态承载力
0~0.2	高压	弱稳定	弱支撑	弱承载
0.2~0.4	较高压	低稳定	低支撑	低承载
0.4~0.6	中压	中稳定	中支撑	中承载
0.6~0.8	较低压	较稳定	较强支撑	较高承载
0.8~1.0	低压	高稳定	强支撑	高承载

四、地理探测器模型

地理探测器模型是由王劲峰在2017年提出的，该模型作为一个统计工具，旨在解析空间格局的演化及其背后的驱动因素，已成为空间数据分析的有效方法，并在地理空间差异研究领域得到广泛应用。该模型强调，如果某个因素的空间变异与脆弱性的空间变异有相似之处，则该因素在脆弱性的形成和演化中具有显著影响。在研究淮河生态经济带的社会生态韧性空间格局演变时，地理探测器模型被用来识别关键影响因素。具体如下：

$$q\left(\frac{Y}{h}\right)=1-[\sum\nolimits_{h=1}^{L}(Nh\sigma_{h2}/)(N\sigma_{2})$$

式中，Y为社会生态系统韧性值，$h=1$，2，$\cdots L$为指标分类；N_h为探测指标个数，N为评价单元数；σ_{h2}是指标层h的方差，σ_{2}是全区Y值的方差。其中，q值取值范围在0至1之间，含义为指标解释了$q \times 100\%$的Y值，q值说明了该指标的解释力。

第二节　淮河生态经济带社会生态系统韧性
年际变化分析

依据前文指标权重的计算，淮河生态经济带在不同年份的韧性水平存在差异，我们将淮河经济带作为一个整体去讨论在不同年份压力、状态、响应的韧性水平变化，从而了解淮河生态经济带的整体韧性状况。

一、压力系统分析

淮河生态经济带在压力准则层受自然因素和人为因素方面的压力，根据压力指标权重的计算，2005年、2010年、2015年、2020年淮河生态经济带的压力韧性得分如图6-1所示。

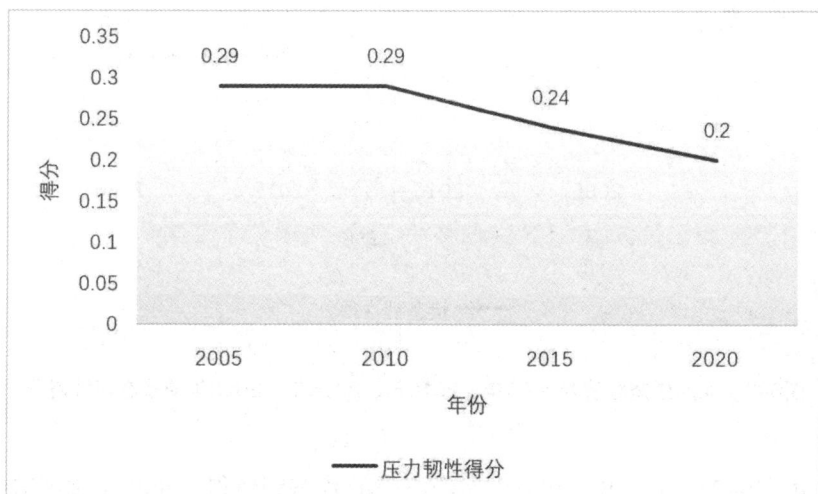

图6-1　淮河生态经济带2005年、2010年、2015年、2020年的压力韧性得分

由图6-1可以看出，淮河生态经济带的压力韧性得分在小幅度减少，2005年和2010年韧性得分保持不变，在2015年韧性得分较2010年降低了约17%，2020年压力韧性得分还在持续降低，这表明2005到2020年以来淮河生态经济带所受压力逐渐增大。

二、状态系统分析

淮河生态经济带在状态准则层从生态资源和社会经济两个方面去讨论，

根据状态指标权重的计算，2005年、2010年、2015年、2020年淮河生态经济带的状态韧性得分如图6-2所示。

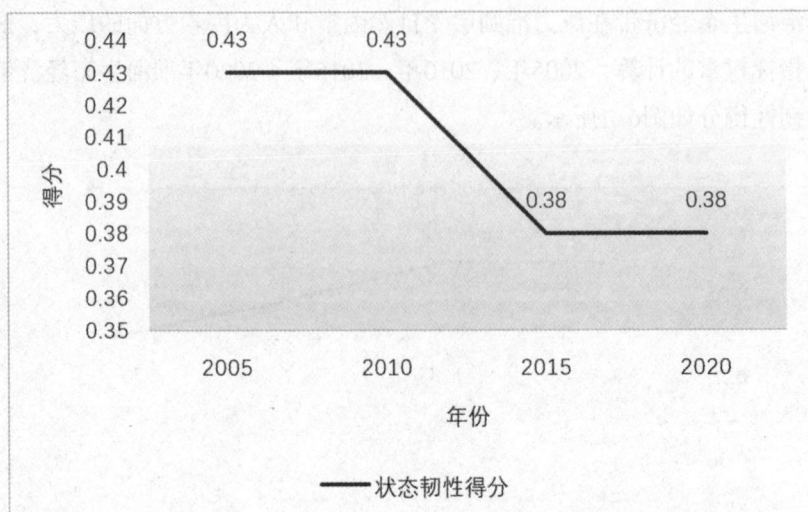

图6-2　淮河生态经济带2005年、2010年、2015年、2020年的状态韧性得分

由图6-2可以看出，淮河生态经济带的状态韧性得分也在小幅度减少，2005年与2010年状态系统韧性得分保持不变，在2015年状态系统韧性得分减少了约11.6%，2020年状态系统韧性得分保持不变，这表明从2005年至2020年，淮河生态经济带在受到冲击后凭借自身属性承受冲击的能力在降低。

三、响应系统分析

淮河生态经济带响应准则层根据响应指标权重的计算，2005年、2010年、2015年、2020年淮河生态经济带的响应韧性得分如图6-3所示。

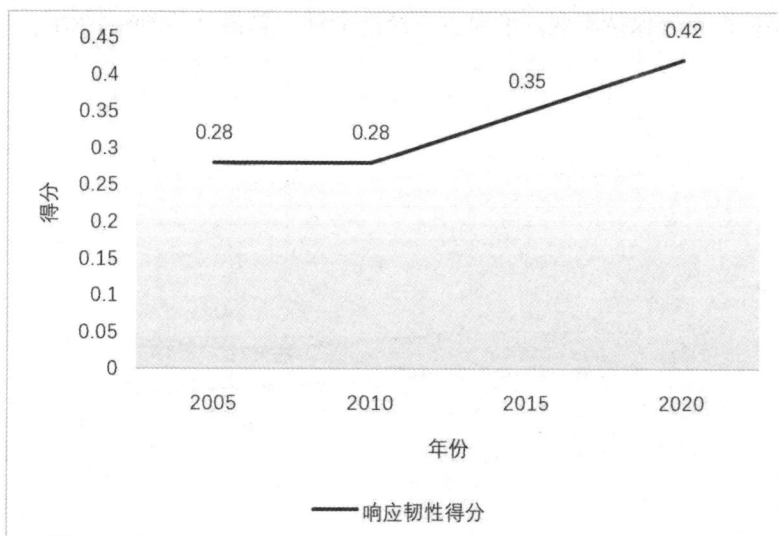

图6-3 淮河生态经济带2005年、2010年、2015年、2020年的响应韧性得分

由图6-3可以看出，淮河生态经济带响应韧性得分与压力和状态不同，响应系统的韧性得分在持续增加，2005年和2010年响应韧性得分保持不变，在2015年韧性得分增加了25%，2020年较2015年又增加了20%，这表明淮河生态经济带的响应能力在变强，当系统受到冲击时采取的措施都会得到良好的效果以保证社会生态系统的稳定。

四、综合评价

根据压力、状态、响应系统的分析，在2005年，系统韧性主要受状态系统的影响，依靠系统自身的内在属性去维持社会生态系统的稳定，当时的响应层面的韧性较低；在2010年，系统韧性和2005年一致，系统韧性主要受状态层面的影响；在2015年，系统韧性主要受状态层的影响，依靠自身属性以维持系统的稳定，压力层和状态层韧性得分降低；在2020年，系统韧性依靠响应系统，且响应层韧性得分高于2015年韧性得分，压力层韧性得分减少，状态层韧性得分保持不变。淮河生态经济带韧性总得分如图6-4所示。

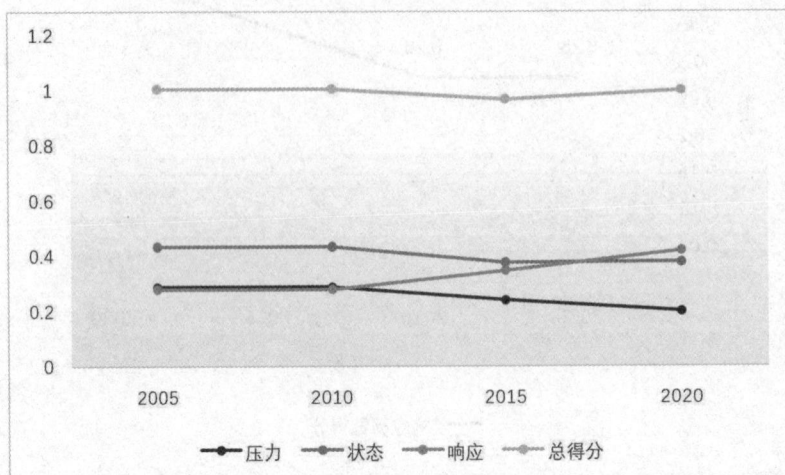

图6-4　淮河生态经济带压力、状态、响应韧性得分及总得分

第三节　淮河生态经济带社会生态系统韧性时空差异分析

不同城市的发展程度存在差异，淮河生态经济带在不同年份展示了韧性发展的多样化趋势。为了更深入地从空间角度探讨该地区社会生态系统韧性的发展分布和变化趋势，本研究借鉴了关于韧性与脆弱性的分级方法，并使用ArcGIS软件对2005年、2010年、2015年及2020年淮河生态经济带各市的社会生态系统韧性及其三大子系统（压力、状态、响应）的评价值进行了可视化分析。通过自然断裂点法，将这些评价值从高到低分为四个等级（高值区、较高值区、中值区、低值区），并总结了该地带各市的综合韧性水平分布特点。

一、市域空间格局变动

淮河生态经济带各省市不同年份韧性得分如表6-3所示。

表6-3　各省市不同年份的韧性值

地级市	2005年	2010年	2015年	2020年
淮安市	0.0412	0.0443	0.0506	0.0434
盐城市	0.0489	0.0492	0.0630	0.0504
宿迁市	0.0310	0.0376	0.0370	0.0420
徐州市	0.0521	0.0500	0.0541	0.0555
连云港市	0.0334	0.0375	0.0321	0.0313
扬州市	0.0476	0.0687	0.0612	0.0532
泰州市	0.0456	0.0464	0.0523	0.0426
枣庄市	0.0372	0.0312	0.0307	0.0202
济宁市	0.0530	0.0426	0.0474	0.0411
临沂市	0.0536	0.0490	0.0491	0.0393
菏泽市	0.0343	0.0304	0.0312	0.0352
蚌埠市	0.0320	0.0328	0.0307	0.0245
淮南市	0.0324	0.0331	0.0288	0.0256
阜阳市	0.0345	0.0292	0.0261	0.0302
六安市	0.0420	0.0421	0.0464	0.0536
亳州市	0.0286	0.0261	0.0206	0.0232
宿州市	0.0324	0.0273	0.0244	0.0222
淮北市	0.0304	0.0270	0.0160	0.0193
滁州市	0.0338	0.0332	0.0414	0.0541
信阳市	0.0461	0.0456	0.0477	0.0642

地级市	2005年	2010年	2015年	2020年
驻马店市	0.0381	0.0349	0.0299	0.0323
周口市	0.0324	0.0316	0.0260	0.0397
漯河市	0.0268	0.0282	0.0167	0.0179
商丘市	0.0310	0.0332	0.0214	0.0253
平顶山市	0.0331	0.0364	0.0240	0.0323
南阳市	0.0526	0.0560	0.0583	0.0815

2005年淮河生态经济带各市的社会生态系统韧性平均值为0.0386。2005年淮河生态经济带各市主要为中韧性区、较高韧性区、高韧性，没有低韧性。低韧性、中韧性、较高韧性与高韧性的县市数量分别为0、14、7、4个。其中高韧性区为南阳市、济宁市、徐州市、临沂市，社会生态系统韧性数值为0.0526、0.0530、0.0521、0.0536，其他市与之差距十分明显；较高韧性的市为驻马店市、信阳市、六安市、枣庄市、淮安市、盐城市、扬州市、泰州市；中韧性城市包括平顶山市、漯河市、周口市、阜阳市、淮南市、商丘市、亳州市、淮北市、蚌埠市、滁州市、宿州市、宿迁市、连云港市分布在淮河生态经济带的中部，形成了鲜明的对比。

2010年，淮河生态经济带各市的社会生态系统韧性的平均值为0.0386，相较2005年没有变化。2010年淮河生态经济带的各市主要集中在中韧性与较高韧性两种类型，数量占城市总数的92.3%。中韧性与较高、高韧性的城市数量对比为13∶13。其中高韧性区域是南阳市和扬州市；较高韧性的市为平顶山市、信阳市、六安市、济宁市、徐州市、宿迁市、淮安市、临沂市、连云港市、盐城市、泰州市；平顶山市由中韧性等级升为较高韧性等级；中韧性区为驻马店市、漯河市、周口市、阜阳市、淮南市、商丘市、亳州市、淮北市、蚌埠市、滁州市、宿州市、菏泽市、枣庄市，依旧是淮河生态经济带中部地区的城市。

2015年，淮河生态经济带各城市的社会生态系统韧性的平均值为0.0372，相较于2010年降低了3.6%。2015年淮河生态经济带各城市韧性类型

分布全面，漯河市、商丘市、亳州市、淮北市、宿州市由中韧性变为低韧性；平顶山市由较高韧性降为低韧性；连云港市由较高韧性变为中韧性；徐州市、淮安市、盐城市、泰州市从较高韧性变为高韧性。低韧性、中韧性、较高韧性与高韧性的城市数量分别为6、8、6、6个。

2020年，淮河生态经济带各市的社会生态系统韧性的平均值为0.0385，相较于2015年增加了3.5%。低韧性、中韧性、较高韧性与高韧性的城市数量分别为8、5、7、6个。蚌埠市、淮南市、枣庄市从中韧性降为低韧性；平顶山市从低韧性变为中韧性；周口市从中韧性变为较高韧性；滁州市、信阳市、六安市从较高韧性变为高韧性；淮安市、盐城市、泰州市从高韧性降为较高韧性。

通过对比可以发现，2005年至2020年的15年间，11个城市的社会生态系统韧性指数均有不同程度的提升，15个城市的社会生态系统韧性指数下降。历经十五年发展后，信阳市、六安市、滁州市、扬州市由中、较高韧性到高韧性转变；从整体分布来看，社会生态系统韧性呈现出东西部高、中部低的空间分异格局。

二、市域差异演变

（一）压力时序变化分析

根据图6-5的分析，从2005年至2020年，淮河生态经济带内的城市间压力韧性指数波动较大。商丘市的压力韧性指数显著低于其他城市。具体来看，2005年大多数城市的指数范围为0.010至0.016，到了2010年，这一数值变为0.01至0.015，而到了2015年则下降至0.004至0.01。综合分析淮河生态经济带各城市的系统韧性发展趋势，结果显示这些城市的韧性变化复杂，没有清晰的增长模式，并且增长幅度相对有限。多数城市显示出不同程度的韧性下降，其中淮北市的下降最为显著，降幅达到55.8%。这表明随着城市的持续发展，它们面临的压力逐年增大，且每年的表现存在显著差异。

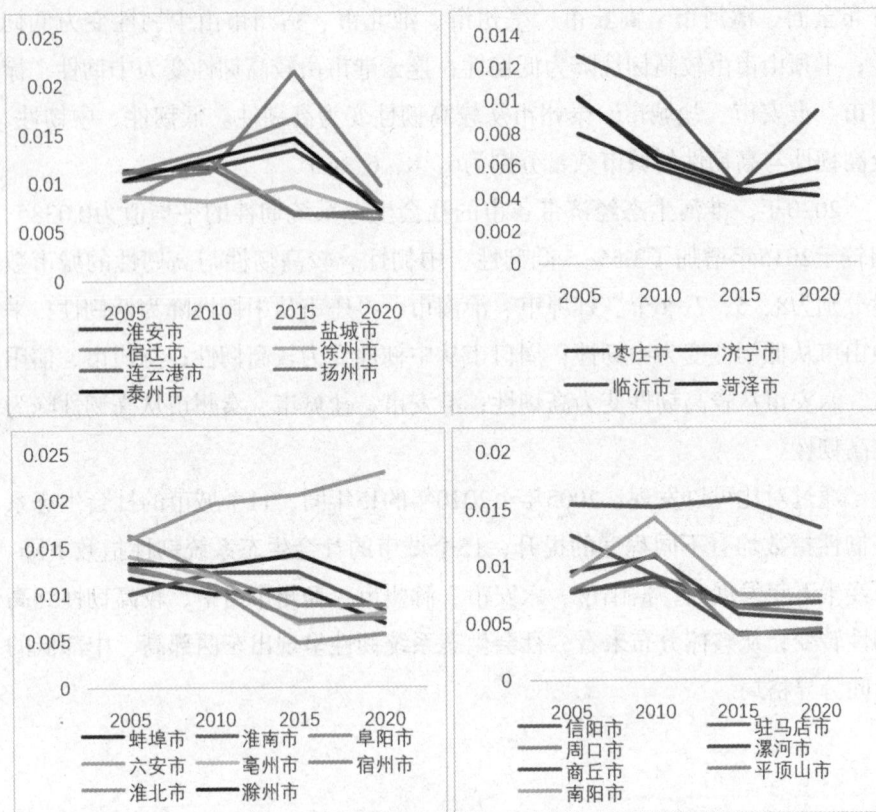

图6-5 2005年、2010年、2015年、2020年压力韧性演变图

表6-4 2005年、2010年、2015年、2020年淮河生态经济带各市压力韧性水平

地级市	2005年	2010年	2015年	2020年
淮安市	0.0113	0.0115	0.0134	0.0078
盐城市	0.0103	0.0111	0.0214	0.0097
宿迁市	0.0083	0.0124	0.0069	0.0063
徐州市	0.0086	0.0081	0.0096	0.0067
连云港市	0.0111	0.0117	0.0067	0.0069
扬州市	0.0110	0.0133	0.0166	0.0078

续表

地级市	2005年	2010年	2015年	2020年
泰州市	0.0104	0.0125	0.0146	0.0071
枣庄市	0.0101	0.0066	0.0048	0.0058
济宁市	0.0080	0.0058	0.0042	0.0048
临沂市	0.0127	0.0104	0.0046	0.0093
菏泽市	0.0102	0.0062	0.0045	0.0041
蚌埠市	0.0117	0.0110	0.0106	0.0069
淮南市	0.0100	0.0123	0.0123	0.0082
阜阳市	0.0163	0.0120	0.0088	0.0088
六安市	0.0159	0.0197	0.0206	0.0230
亳州市	0.0141	0.0119	0.0069	0.0080
宿州市	0.0126	0.0109	0.0072	0.0074
淮北市	0.0130	0.0106	0.0048	0.0057
滁州市	0.0133	0.0130	0.0142	0.0107
信阳市	0.0154	0.0152	0.0158	0.0133
驻马店市	0.0127	0.0091	0.0064	0.0067
周口市	0.0078	0.0085	0.0063	0.0057
漯河市	0.0095	0.0108	0.0057	0.0052
商丘市	0.0077	0.0090	0.0040	0.0040
平顶山市	0.0079	0.0110	0.0039	0.0044
南阳市	0.0091	0.0142	0.0074	0.0073

（二）状态时序变化分析

根据图6-6的分析，2005年至2020年期间，淮河生态经济带内大多数城市的状态韧性指数保持稳定。在这个区域内，徐州市的状态韧性指标高于其他城市，紧随其后的是扬州市。亳州市和阜阳市的状态韧性指数相对较低，位于最底端。2005年，多数城市的状态韧性指数介于0.01至0.025之间，到了2020年，大部分城市的状态韧性指数依然维持在这一区间。根据宿迁市从2005—2020年的数据，其状态韧性指数从0.0133增加到0.0164，增长了约23.3%，尽管韧性指数相对较低，但其增长一直较为稳定。扬州市的状态韧性指数在同期也有所上升，从0.0234增至0.0276，增长率为17.9%。此外，从2005—2020年，其他城市如淮安市、盐城市、徐州市、连云港市、泰州市、菏泽市、阜阳市和滁州市的状态韧性指数亦有所提升。枣庄市、济宁市、临沂市、蚌埠市、淮南市、六安市、宿州市、淮北市、信阳市、驻马店市、周口市、漯河市、商丘市、平顶山市、南阳市的状态韧性指数有所下降。

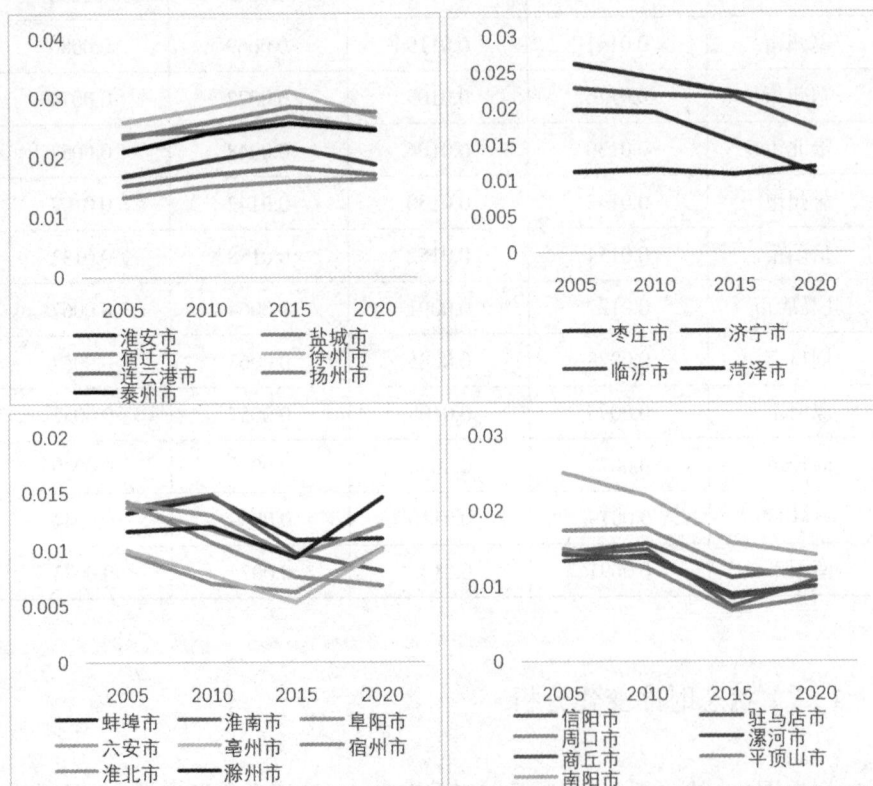

图6-6　2005年、2010年、2015年、2020年状态韧性演变图

表6-5　2005年、2010年、2015年、2020年淮河生态经济带各市状态韧性水平

地级市	2005年	2010年	2015年	2020年
淮安市	0.0169	0.0195	0.0218	0.0189
盐城市	0.0239	0.0246	0.0270	0.0249
宿迁市	0.0133	0.0151	0.0160	0.0164
徐州市	0.0260	0.0283	0.0311	0.0268
连云港市	0.0153	0.0171	0.0184	0.0172
扬州市	0.0234	0.0259	0.0285	0.0276
泰州市	0.0211	0.0241	0.0258	0.0246
枣庄市	0.0198	0.0195	0.0153	0.0111
济宁市	0.0262	0.0243	0.0223	0.0203
临沂市	0.0229	0.0220	0.0217	0.0172
菏泽市	0.0112	0.0115	0.0109	0.0119
蚌埠市	0.0133	0.0147	0.0109	0.0110
淮南市	0.0138	0.0149	0.0097	0.0081
阜阳市	0.0097	0.0070	0.0062	0.0101
六安市	0.0138	0.0118	0.0094	0.0121
亳州市	0.0100	0.0077	0.0053	0.0100
宿州市	0.0143	0.0107	0.0076	0.0068
淮北市	0.0142	0.0131	0.0093	0.0122
滁州市	0.0116	0.0120	0.0093	0.0146
信阳市	0.0145	0.0157	0.0111	0.0123
驻马店市	0.0142	0.0149	0.0073	0.0108
周口市	0.0150	0.0124	0.0068	0.0084
漯河市	0.0133	0.0141	0.0089	0.0100
商丘市	0.0142	0.0137	0.0084	0.0099
平顶山市	0.0174	0.0176	0.0125	0.0111
南阳市	0.0250	0.0219	0.0157	0.0141

（三）响应时序变化分析

根据图6-7的分析显示，从2005—2020年，淮河生态经济带中的城市大多数的系统响应韧性数值呈现出波动性的增长趋势，尤其是在2015—2020年

期间，这些城市的增长速度显著高于2005—2010年。南阳市在该地区的响应韧性表现尤为突出，特别是在2010—2020年期间增长显著；而扬州市在2010年的韧性值大幅上升，但在2015年后经历了一次大幅下跌并稳定下来；其他城市在2010年的响应韧性指标相近，但到了2020年，由于发展速度的不同，它们之间的差距开始显现。另外在增长速率上看，滁州市的响应韧性指数从2005年的0.0089上升至2020年的0.0288，约上升2.24倍，在2015年就提升了1.02倍；其次是南阳市从2005年的0.0186提升至2020年的0.0601，提升了2.23倍；宿迁市在2005—2020年间韧性指数从0.0094提升至0.0192，提高了1.04倍。扬州市、枣庄市、临沂市、济宁市波动较大，起起伏伏；泰州市、枣庄市、济宁市、临沂市、蚌埠市、淮北市、漯河市的响应韧性指数有所降低。

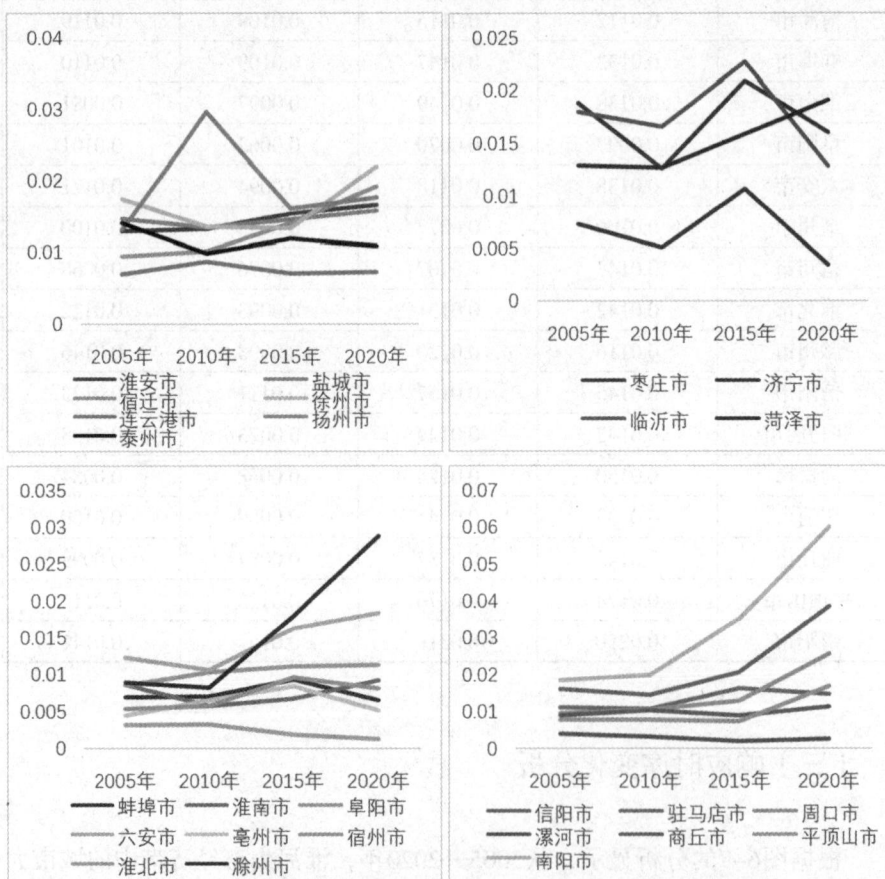

图6-7 2005年、2010年、2015年、2020年响应韧性演变图

表6-6　2005年、2010年、2015年、2020年淮河生态经济带各市响应韧性水平

地级市	2005年	2010年	2015年	2020年
淮安市	0.0130	0.0133	0.0155	0.0167
盐城市	0.0147	0.0135	0.0146	0.0158
宿迁市	0.0094	0.0101	0.0141	0.0192
徐州市	0.0175	0.0136	0.0134	0.0220
连云港市	0.0069	0.0087	0.0070	0.0072
扬州市	0.0132	0.0296	0.0162	0.0177
泰州市	0.0141	0.0098	0.0119	0.0109
枣庄市	0.0073	0.0051	0.0107	0.0034
济宁市	0.0188	0.0126	0.0209	0.0160
临沂市	0.0180	0.0166	0.0228	0.0128
菏泽市	0.0129	0.0127	0.0159	0.0191
蚌埠市	0.0070	0.0071	0.0093	0.0066
淮南市	0.0086	0.0058	0.0068	0.0092
阜阳市	0.0085	0.0103	0.0111	0.0113
六安市	0.0123	0.0106	0.0163	0.0184
亳州市	0.0045	0.0065	0.0084	0.0052
宿州市	0.0054	0.0058	0.0096	0.0081
淮北市	0.0032	0.0033	0.0019	0.0013
滁州市	0.0089	0.0082	0.0180	0.0288
信阳市	0.0161	0.0146	0.0208	0.0386
驻马店市	0.0112	0.0108	0.0163	0.0148
周口市	0.0096	0.0106	0.0130	0.0257
漯河市	0.0040	0.0033	0.0021	0.0026
商丘市	0.0091	0.0105	0.0090	0.0114
平顶山市	0.0079	0.0078	0.0075	0.0169
南阳市	0.0186	0.0199	0.0352	0.0601

第四节 生态承载力分析

淮河生态经济带生态承载力评价系统的指标权重如表6-7所示。

表6-7 生态承载力评价指标体系权重

目标层	准则层	权重	指标层	权重	相对权重
A	P	0.2017	1	0.0213	0.1056
			2	0.0206	0.1021
			3	0.0389	0.1973
			4	0.0594	0.2945
			5	0.0118	0.0583
			6	0.0184	0.0913
			7	0.0167	0.0830
			8	0.0137	0.0680
	S	0.3785	9	0.0200	0.0529
			10	0.0181	0.0477
			11	0.0213	0.0563
			12	0.0380	0.1003
			13	0.0408	0.1077
			14	0.0229	0.0606
			15	0.0160	0.0422
			16	0.0330	0.0871
			17	0.0446	0.1178
			18	0.0311	0.0822
			19	0.0520	0.1373
			20	0.0409	0.1080

续表

目标层	准则层	权重	指标层	权重	相对权重
A	R	0.4198	21	0.0259	0.0617
			22	0.0336	0.0801
			23	0.1042	0.2481
			24	0.0279	0.0663
			25	0.1041	0.2480
			26	0.0815	0.1942
			27	0.0260	0.0620
			28	0.0166	0.0394

根据公式，计算出3个子系统和对应城市生态承载力指数及分级结果，如表6-8所示。

表6-8　淮河生态经济带生态承载力各系统指数得分

地级市	压力系统	弹性力系统	支撑力系统	承载力	承载力分级
淮安市	0.0934	0.2044	0.1331	0.4309	中承载
盐城市	0.0983	0.2604	0.1366	0.4952	中承载
宿迁市	0.0809	0.1827	0.1345	0.3981	低承载
徐州市	0.0800	0.2746	0.1546	0.5092	中承载
连云港市	0.0795	0.1901	0.0640	0.3335	低承载
扬州市	0.1012	0.2894	0.1352	0.5258	中承载
泰州市	0.0980	0.2583	0.0924	0.4487	中承载
枣庄市	0.0711	0.1314	0.0346	0.2371	低承载
济宁市	0.0582	0.2181	0.1315	0.4078	中承载
临沂市	0.0732	0.1799	0.1203	0.3733	低承载
菏泽市	0.0571	0.1287	0.1413	0.3271	低承载
蚌埠市	0.0925	0.1304	0.0618	0.2847	低承载
淮南市	0.0945	0.1022	0.0687	0.2654	低承载
阜阳市	0.0986	0.1111	0.1013	0.3110	低承载

地级市	压力系统	弹性力系统	支撑力系统	承载力	承载力分级
六安市	0.1901	0.1467	0.1319	0.4686	中承载
亳州市	0.1027	0.1159	0.0577	0.2763	低承载
宿州市	0.0916	0.0868	0.0712	0.2495	低承载
淮北市	0.0832	0.1466	0.0153	0.2451	低承载
滁州市	0.1079	0.1664	0.1678	0.4421	中承载
信阳市	0.1272	0.1433	0.2215	0.4919	中承载
驻马店市	0.0768	0.1238	0.1252	0.3258	低承载
周口市	0.0709	0.0916	0.1730	0.3355	低承载
漯河市	0.0756	0.1215	0.0274	0.2244	低承载
商丘市	0.0481	0.1119	0.1005	0.2604	低承载
平顶山市	0.0597	0.1288	0.1021	0.2907	低承载
南阳市	0.0781	0.1481	0.3283	0.5544	中承载

淮河生态经济带总体处于低、中生态承载力，各个城市的生态承载力差异不大。淮河生态经济带西南部与东南部地区呈现出中承载力，中部地区以低承载力为主，只有济宁市和徐州市为中承载力。

第五节　韧性影响因素和影响机理

本章基于淮河生态经济带各城市社会生态系统的韧性评估及其年际变化和时空差异的分析，旨在探索科学且具针对性的韧性增强策略。为此，关键在于识别并分析影响这些系统韧性的主要因素。在本章中，利用地理探测器模型和2020年的数据，分析了28个潜在影响因子，以确定影响淮河生态经济带韧性的主要因素，并提供了未来增强该地区社会生态系统韧性的理论基础和支持。利用地理探测器分析淮河生态经济带的社会生态系统韧性的空间分

布和影响因素，以2020年社会生态系统韧性指数为因变量Y（参见表6-9），并选取社会生态系统韧性评价指标体系中的全部指标作为自变量X。地理探测器的数据要求包括将自变量X视为分类变量，而因变量Y可以是数值或有序变量。数据处理过程中，首先使用自然断点法将数据离散化，然后将各因子分为四个层次，最终将处理后的数据输入到地理探测器模型中，以探究各因子对淮河生态经济带社会生态系统韧性的影响。

表6-9　2020年Y值

地级市	2020年Y值
淮安市	0.0434
盐城市	0.0504
宿迁市	0.0420
徐州市	0.0555
连云港市	0.0313
扬州市	0.0532
泰州市	0.0426
枣庄市	0.0202
济宁市	0.0411
临沂市	0.0393
菏泽市	0.0352
蚌埠市	0.0245
淮南市	0.0256
阜阳市	0.0302
六安市	0.0536
亳州市	0.0232
宿州市	0.0222
淮北市	0.0193

地级市	2020年Y值
滁州市	0.0541
信阳市	0.0642
驻马店市	0.0323
周口市	0.0397
漯河市	0.0179
商丘市	0.0253
平顶山市	0.0323
南阳市	0.0815

从因子探测 q 值（表6-10）可以看出，各因素单因子对社会生态系统韧性具有不同程度的影响，存在差异性。

表6-10　单因子探测结果 q 值统计表

影响因子	1	2	3	4	5	6	7
q值	0.2234	0.1120	0.0552	0.3233	0.1147	0.0541	0.1925
影响因子	8	9	10	11	12	13	14
q值	0.0557	0.1922	0.2033	0.1484	0.4249	0.2197	0.0316
影响因子	15	16	17	18	19	20	21
q值	0.1349	0.0817	0.1087	0.3927	0.3463	0.4182	0.3507
影响因子	22	23	24	25	26	27	28
q值	0.2377	0.5818	0.2633	0.5818	0.2462	0.3574	0.2301

2020年淮河生态经济带社会生态系统韧性压力指标中，影响因子对于韧性指数的解释力较强的有：水资源总量（0.3233）＞空气质量非优良天数比例（0.2234）＞化肥施用量（0.1925）＞工业废水排放量（0.1147）＞全年平均温度（0.1120），解释力较弱的有：工业二氧化硫排放量（0.0541）＜年降水量（0.0552）＜失业率（0.0557）。通过前文的分析可知，淮河生态经济带

社会生态系统压力韧性值在不断降低，最有可能的因素就是空气质量问题严重，化肥施用量过多，工业废水排放量过多，导致社会生态系统压力过大。

状态指标中，影响因子对于韧性指数的解释力较强的有：节能环保支出（0.4249）＞第三产业总产值（0.4182）＞第一产业总产值（0.3927）＞第二产业总产值（0.3463）＞城镇化率（0.2197）＞建成区绿化覆盖率（0.2033），解释力较弱的有：中学在校人数（0.0316）＜城镇居民人均可支配收入（0.0817）＜农村居民人均可支配收入（0.1087）＜小学在校人数（0.1349）＜森林覆盖率（0.1484）＜耕地面积（0.1922）。根据前文分析可知，2015—2020年状态韧性值没有改变，节能环保支出和第一、二、三产业总产值对于社会生态系统韧性的解释力是很大的，森林覆盖率和耕地面积影响因子解释力较小，可能是状态韧性难以提升的主要影响因素。

响应指标中，影响因子对于韧性指数的解释力较强的有：人工造林面积（0.5818）＝生物多样性（0.5818）＞地方财政一般支出（0.3574）＞社会保障和就业支出（0.3507），解释力较弱的有：植被覆盖指数（0.2301）＜卫生机构床位数（0.2377）＜生态系统服务价值（0.2462）＜粮食总产量（0.2633）。根据前文分析，2020年淮河生态经济带响应韧性值得到提升，最有可能的原因就是人工造林面积增大、生物多样性的提升，其次是地方财政的一般支出增加以及社会保障和就业支出增加，使得社会生态系统相应系统韧性提升。

第六节　本章小结

一、构建社会生态系统韧性评估体系

通过整理和总结韧性理论及其内涵，本研究构建了一个基于社会生态系统的韧性理论框架，该框架融合了"压力—状态—响应"模型，围绕压力韧性、状态韧性、响应韧性三个维度建立了评价指标体系。利用熵值法，对2005年、2010年、2015年及2020年淮河生态经济带各城市的韧性水平进行了测量，并详细探讨了这些年份间淮河带韧性水平的变化及地区间的差异。

二、探究淮河生态经济带社会生态系统韧性的年际变化

根据测算数据，对淮河生态经济带各城市2005年、2010年、2015年、2020年的压力韧性、状态韧性、响应韧性以及系统韧性评价值绘制成折线图，结果表明，压力系统韧性方面，淮河生态经济带的压力韧性得分在逐年小幅度减少，这表明2005—2020年以来，淮河生态经济带所受压力逐渐增大；状态韧性方面，淮河生态经济带的状态韧性得分也在逐年小幅度减少，从2005—2020年，淮河生态经济带在受到冲击后凭借自身属性承受冲击的能力在降低；响应韧性方面，淮河生态经济带响应韧性得分与压力和状态不同，响应系统的韧性得分在持续增加，这表明淮河生态经济带的响应能力在变强，当系统受到冲击时采取的措施都会得到良好的效果以保证社会生态系统的稳定。

三、探究淮河生态经济带社会生态系统韧性的时空差异

利用 ArcGIS 软件对2005年、2010年、2015年、2020年的淮河生态经济带各城市的社会生态系统韧性评价值进行可视化处理，用自然断裂点法将社会生态系统韧性评价值由高到低划分为四种类型（高值区、较高值区、中值区、低值区），结果表明经过发展，有些城市的韧性水平有所提升，有些城市韧性水平下降。

压力韧性方面，2005—2020年淮河生态经济带各城市的压力韧性发展指数上下起伏，且个别城市波动性较为显著；状态韧性方面，淮河生态经济带区域内各市的状态韧性指数在2005—2020年大多数城市保持稳定；响应韧性

方面，淮河生态经济带各城市的响应系统韧性数值在2005—2020年大部分呈现波动上升的趋势，且2015—2020间各城市响应韧性的增长幅度要明显大于2005—2010年。

四、运用地理探测器模型探究影响因素

利用 ArcGIS 软件的自然断裂点法，对2005年、2010年、2015年和2020年的影响因子数据进行了离散化处理，将原数据转换为分层数据，并将每个因子划分为六个等级。此外，使用地理探测器工具对淮河生态经济带的社会生态系统韧性的空间格局影响因子进行了分析。结果表明：解释力最强的类别是响应影响因素，其中人工造林面积和生物多样性处于较高的水平；解释力次之的是状态影响因素，其中节能环保支出、第三产业总产值、第一产业总产值、第二产业总产值处于状态韧性指标的前排位置；解释力相对而言最弱的是压力影响因素。

第七章　淮河生态经济带社会生态系统适应性评价指标体系构建

　　基于社会生态系统、脆弱性和适应性的国内外现状研究，在充分理解并运用复杂适应系统理论和PSR理论的基础上，先采用文献分析法初步构建社会生态系统适应性评价指标体系框架，再基于德尔菲法优化适应性评价指标体系，最终得到社会生态系统适应性评价指标体系，并结合熵权法对各个指标赋予权重。

第一节　构建思路和原则

一、适应性评价指标体系构建思路

　　如何建立适应性评价指标体系，是适应性评价分析中的一个重点和核心问题。基于对社会生态系统适应性评价理论研究的梳理，本章研究通过文献分析法对相关评价指标进行初步筛选，厘清适应性评价指标体系内的各指标之间存在的内在联系，初步构建社会生态系统适应性评价的指标条目与体系框架，在此基础上，采用问卷调查的方法对指标进行筛选、完善。通过对专家进行问卷调查的方式，多次咨询专家直至形成统一的意见，最终形成社会生态系统适应性评价指标体系。此外，还要利用熵权法来确定各评价指标的权重。

二、适应性评价指标体系构建原则

适应性评价指标体系是一种能体现被评价目标的基本特征，并由多个相互关联、相互影响的指标构成的有机整体。适应性评价指标体系也是一种能充分反映被评价目标内部各要素间的关联性的评价方法。社会生态系统是一个复杂的人地系统，对社会生态系统适应性评估的关键是构建一个合理且行之有效的评价指标体系。要确保适应性评价指标体系的每一个指标都是不可缺少的，为保证评价过程和适应性评价结果的准确性和可靠性，指标体系必须具备对社会生态系统适应性评价结果的解释功能、评价功能和预测功能，在指标选取过程中必须遵循以下原则：

科学性原则：社会生态系统适应性评价指标筛选要建立在科学的基础上，能够真实客观地反映研究区域适应性水平的指标，通过规范化指标初筛过程、明确指标释义、数值化指标筛选，避免含义相似的指标选取，确保评价结果客观有效。

系统性原则：研究区域是一个社会、生态等要素相互作用的复杂系统，不同子系统下的指标存在相互交织、相互影响、相互作用的情况。在进行社会生态系统指标选取时，既要明确各子系统的特点，也要考虑各子系统间的相互影响及作用，更要反映出系统的整体特征。

区域性原则：不同区域的自然环境、经济发展、社会状态都不相同。在指标选取时，要结合所有研究区域选取具有针对性和代表性的指标。

代表性原则：适应性评价指标体系的构建要充分考虑指标数量和质量的关系，在充分体现社会生态系统适应性特征的基础上，尽可能选取其代表性指标，使其尽量层级分明，数量适中。

可操作性原则：为确保对适应性进行评价时数据的完整和连续，在选取适应性评价指标时要充分考虑数据的可获取性，且在进行计算时保证不同区域之间具有可比性。

动态性原则：社会生态系统具有动态发展特征，其适应性也随着自身所处的社会状态不断改变，适应性的内涵也强调了系统在时间尺度上的变化。在选取指标时要考虑在不同时期同一指标的时间可比性。

第二节　基于文献分析法初步构建适应性评价指标体系框架

一、指标初筛

基于社会生态系统构成因素复杂众多，对于社会生态系统的适应性评价并未有一个确定的标准，对其进行定量化研究仍存在许多困难。社会生态系统是社会系统与生态系统相互耦合、相互作用的复杂人地系统，各个子系统义包含压力、状态和响应三个层面。压力表征为城市或区域发展过程中对环境造成的负面影响；状态表征当前社会经济和生态环境的状态表现；响应则表征系统在面对压力时为使社会生态系统保持可持续健康发展态势所采取的应对措施。

本书主要通过文献分析法进行指标搜集。通过在中国知网、万方数据平台、web of science等数据库系统搜索近五年关于社会生态系统、脆弱性、恢复力、适应性、弹性等相关主题的文献，对文献内的指标进行分类整理。将在知网和WOS所搜集到的文献进行整理分析，从标题、摘要、指标体系名称、评价维度、关键词等内容进行初步筛选，去除与主题不相符的文献。核心期刊通常代表着领域内的最新研究成果和未来发展趋势，本书主要选择被引次数多、相关性较高的核心期刊论文为主要分析对象。本书主要从指标体系名称、评价维度、评价指标以及来源对文献进行初步筛选，为构建社会生态系统适应性评价指标体系奠定基础。从文献中初筛得到的指标如表7-1所示。

表7-1 评价指标初筛汇总表

序号	指标体系名称	评价维度	评价指标	来源
1	适应性生态风险评价	暴露、干扰	坡度、土地利用类型、NDVI、人口密度、地表温度	李嘉艺[112]
2	脆弱性评价	暴露度、敏感性、适应力	化肥施用量、人口自然增长率、归一化植被指数（NDVI）、人均耕地面积、人均粮食产量	燕玲玲[113]
3	恢复力测度指标体系	社会、经济、生态	失业率、城镇化率、等级公路里程、财政自给率、万人医疗机构床位数、教育支出占财政支出比重、人均GDP、产业结构多样化指数、人口密度、森林覆盖率、空气质量优良比例、生活垃圾无害化比率	展亚荣[114]
4	适应性评价指标体系	社会、经济、生态	人均GDP、单位GDP用水量、人口增长率、人口密度、城镇化率、单位GDP表观CO_2排放量、森林覆盖率、废水处理率	DanWu[115]
5	恢复力测度指标体系	压力、状态、响应	人口密度、人口自然增长率、城镇化率、教育支出占比、产业结构多样化指数、化肥使用量、空气质量优良率、人工造林面积、森林覆盖率	王群[116]
6	弹性测度指标体系	社会、经济、生态	人口自然增长率、失业率、等级公路里程、社会消费品零售总额、城市化水平、人均GDP、森林覆盖率、造林面积、生活垃圾无害化处理率、污水处理厂集中处理率	贺小荣[117]
7	脆弱性评价指标体系	压力、状态、响应	人均GDP、城镇化率、道路密度、人口密度、粮食产量、化肥使用量、环保投入	任国平[97]

续表

序号	指标体系名称	评价维度	评价指标	来源
8	恢复力指标体系	社会、经济、生态	人均耕地面积、万人拥有医疗机构床位数、人均粮食产量、地方财政支出、农民人均纯收入、人口密度、植被覆盖度	杨小龙[118]
9	恢复力测度指标体系	社会、经济、文化、生态环境	人口自然增长率、教育支出占比、人均GDP、财政自给率、产业结构多样化指数、年温差、碳排放比例、医疗保险参保率	李观凤[119]
10	适应性评价指标体系	潜力、关联度、韧性	三产增加值占GDP比重、人均可支配收入、人口密度、政府财政支出、环境治理投资额	夏陈红[120]
11	脆弱性指标体系	暴露度、敏感度、适应能力	月平均最高气温方差、森林覆盖率、人均耕地面积、气候适宜度、人均可支配收入	常丽博[121]
12	恢复力评价	社会、经济、生态	人口密度、财政支出、社会消费品总额、万人医疗机构床位数、金融机构贷款、产业结构多样化指数、NDVI、造林面积	叶文丽[122]
13	适应性评价体系	压力、状态、响应	单位GDP表观二氧化碳排放量、人均GDP、城镇化率、人均卫生机构床位数、气候适宜度、科教投入占比	李可昕[87]
14	脆弱性评价	社会、经济、生态	人口密度、人口自然增长率、医院床位数、失业率、化肥施用量、森林覆盖率、人工造林面积	孔伟[123]
15	脆弱性评估	危险性、暴露度、敏感性、适应能力	空气质量指数、土地利用强度、耕地比例、人口密度、森林覆盖率、失业率、人均GDP、卫生机构床位数、污水处理能力	施瑶[124]
16	脆弱性评价	暴露度、敏感性、适应能力	平均坡度、植被覆盖率、年平均降水量、人口密度、景观破碎度、人均绿地面积	阎姝伊[125]
17	脆弱性评价	暴露性、敏感性、应对力、恢复力	人口密度、第一产业占比、第三产业占比、植被覆盖率、地区生产总值、城镇居民人均可支配收入、民生支出占比	吴文菁[126]
18	恢复力评价	经济、社会、生态	人均GDP、粮食产量、二三产业结构、每千人拥有床位数、森林覆盖率、生物丰度	张甜[127]
19	乡镇适应能力	自然应对、社会保障、经济发展	人均造林面积、卫生机构床位数、耕地面积、粮食产量、人均水资源配置量、百人拥有教师数	尹莎[128]

二、指标体系框架结果

根据社会生态系统适应性内涵，结合复杂适应系统理论和PSR理论，从压力、状态、响应三个维度出发，在指标选择原则的基础上对指标进行遴选。其中，压力是指系统在运行过程中产生阻碍系统可持续发展，对系统稳定产生威胁的方面。状态是指系统在面临干扰时系统本身所表现出的直观方面。响应是指系统在干扰或压力到来时或已经到来时所具备干扰或压力消化和转化的能力。

参考已有的文献研究，以社会生态系统案例及研究区具体情况为例，在选取指标时，遵循科学性、区域性、代表性、动态性、系统性、可操作性等的原则，从社会和生态两个子系统层次上，通过自上而下、逐层分解的方式，建立相应的指标，并对其进行分类。初步拟定社会生态系统适应性评价指标体系框架包括2个一级指标、6个二级指标和23个三级指标。具体结果如表7-2所示。

针对社会生态系统适应性评价内容，初步构建评价指标体系框架如下：

表7-2 社会生态系统适应性评价指标体系（初稿）

一级指标	二级指标	三级指标
社会子系统	社会压力（P）	单位GDP能耗
		单位GDP表观二氧化碳排放量
		失业率
	社会状态（S）	人均GDP
		人均粮食产量
		城镇化率
		产业结构多样化指数
		路网密度
	社会响应（R）	科教投入占比
		人均卫生机构床位数
		城镇居民可支配收入
		医疗保险参保率

续表

一级指标	二级指标	三级指标
生态子系统	生态压力（P）	化肥使用量
		固体废物排放量
		二氧化硫排放量
		人口密度
	生态状态（S）	植被覆盖指数（NDVI）
		年平均气温
		空气质量优良比例
		年平均降水量
	生态响应（R）	造林面积
		生活垃圾无害处理率
		污水处理厂集中处理率

第三节 基于德尔菲法优化适应性评价指标体系

　　德尔菲法是一种反馈匿名函询法，主要是采用匿名的方式，在确定研究主题的情况下，向专家发放问卷以收集所要征询问题的意见，对意见进行整体归纳统计，并再次向专家发放问卷征求意见，直至专家意见趋于统一。

　　本书在上文从文献分析中获取的适应性评价指标体系（初稿）的基础上，采取德尔菲法向专家发放问卷进行指标重要度打分，并给出相应的修改意见。根据专家反馈的意见对指标体系进行修改完善，直至最后得到适应性评价指标体系。德尔菲法通常要求进行2—3轮的问卷调查。

一、德尔菲优化方法

（一）专家选择

本书选取的专家标准要求为：（1）对于本书的主题有一定的权威性；（2）专业方向为社会生态系统或适应性。

本书的调查问卷主要内容有：（1）研究背景的介绍，调查问卷表的填写和说明；（2）专家的基本情况，主要包括：年龄、任职时间、研究方向和单位性质等；（3）调查问卷内含有专家对于指标评判依据的评分，主要打分标准包括理论分析、国内外文献、工作经验的参考和直觉选择。

本次问卷发放为电子问卷。本书所收集到的问卷数据利用SPSS进行数据分析，对问卷有效性（专家判断依据、意见集中和协调程度）以及对指标描述性的统计分析：平均值（$\bar{X}$）、最大值（Max）、最小值（Min）、中位数（M）、满分比（K）和变异系数（CV）。

在每轮问卷结束后，对专家的反馈结果进行汇总分析，对评价指标体系进行完善，向上一轮填写问卷的专家发放新的指标体系咨询问卷。直至专家们的意见趋于统一，停止发放问卷。

（二）专家判断依据

专家判断依据代表专家对研究主题以及评价指标重要度的判断依据。专家判断依据数值区间为[0,1]，其值越趋近1，则表示专家的权威程度越高。通常，专家的评判依据系数超过0.7即可被视为专家咨询的结果是较好的。赋值方法如表7-3所示：

表7-3　专家判断系数赋值办法

判断依据	影响程度		
	大	中	小
理论分析	0.3	0.2	0.1

续表

判断依据	影响程度		
	大	中	小
工作经验	0.5	0.4	0.3
参考国内外文献	0.1	0.1	0.1
直觉分析	0.1	0.1	0.1

（三）专家意见集中程度

专家意见集中程度代表着专家在对指标进行重要度打分时，指标重要度的得分集中程度，主要以各指标的均数、满分比和变异系数进行表征。变异系数反映不同专家对于同一指标重要度打分结果的离散程度。变异系数>0.25的情况表示不同专家的意见存在较大的差异和分歧。

本书所研究的指标选取准则是：若达到指标均数值<3.5、满分比 K≤20%、变异系数>0.25三项标准中的2项时，则表示专家认为所选取指标的重要程度较低，需将其删除。

（四）专家意见协调程度

肯德尔和谐系数（Kendall's W）是一个直观的衡量指标，它反映了专家对该问卷调查的总体指标的意见是否一致，它的数值越大，说明专家的意见协调程度就越强。Kendall's W显著性检验，即对专家对所有指标的重要度评分而进行的一致性检验，以P<0.05为标准，表明专家意见一致性程度高，对于该问卷反馈结果无异议。

二、德尔菲法问卷结果

（一）专家基本情况

本书根据专家遴选原则，共向15名专家发放问卷，回收11份问卷，第一轮问卷回收率为73.3%。第二轮向这十一位专家发放问卷，共回收11份，回收率为100%。其中专家具体信息见表7-4。

表7-4　专家基本信息情况

	项目类别	人数	百分比
年龄（岁）	30—45	6	54.5%
	46—60	4	36.4%
	60以上	1	9.1%
学历	本科	0	0
	硕士	2	18.2%
	博士	9	81.8%
工作年限	5—15	6	54.5%
	16—30	5	45.5%
	>30	0	0
职称	正高级	4	36.4%
	副高级	7	63.6%
单位性质	科研院所	3	27.3%
	高校	8	72.7%

（二）专家判断依据结果

通过专家对问卷中各指标的判断依据的打分结果得出：第一轮问卷调查

中，专家的判断依据系数为0.94。第二轮问卷调查中，专家的判断依据系数为0.96。两轮问卷调查中，专家判断依据系数均高于0.9，表明专家权威程度较高，问卷结果具有一定的可靠性。具体专家打分数值如表7-5所示。

表7-5　专家判断依据情况

轮次	理论分析			工作经验			参考国内外文献			直觉选择		
	大	中	小	大	中	小	大	中	小	大	中	小
第一轮	9	2	0	7	4	0	8	3	0	0	2	9
第二轮	10	1	0	8	3	0	7	4	0	0	3	8

（三）专家第一轮问卷结果

1.专家意见集中度结果

通过调查问卷的反馈，对专家指标评分进行集中度分析，发现在一级指标中，社会子系统均数为4.73，生态子系统均数为4.55。在二级指标中，压力均数为4.45，状态均数为4.55。响应均数为4.55。各一级、二级指标满分比都在50%以上，反映了专家的意见相对比较集中。具体情况见表7-6。

表7-6　第一轮专家意见集中程度情况

	指标	标准差（SD）	平均值（$\bar{X}$）	中位数（M）	最小值（Min）	最大值（Max）	满分比（K）	变异系数（CV）
一级指标	社会子系统	0.647	4.73	5	3	5	81.8%	13.68%
	生态子系统	0.820	4.55	5	3	5	72.7%	18.02%
二级指标	压力	0.820	4.45	5	3	5	63.6%	18.43%

续表

	指标	标准差（SD）	平均值（$\bar{X}$）	中位数（M）	最小值（Min）	最大值（Max）	满分比（K）	变异系数（CV）
二级指标	状态	0.688	4.55	5	3	5	63.6%	15.12%
	响应	0.522	4.55	5	4	5	54.5%	11.47%
三级指标	单位GDP能耗	1.221	4.09	4	1	5	45.5%	29.85%
	单位GDP表观二氧化碳排放量	0.522	4.55	5	4	5	54.5%	11.47%
	失业率	0.944	4.09	4	2	5	36.4%	23.08%
	人均GDP	0.688	4.45	5	3	5	54.5%	15.46%
	人均粮食产量	0.701	4.09	4	3	5	27.3%	17.14%
	城镇化率	0.674	4.36	4	3	5	45.5%	15.46%
	产业结构多样化指数	0.786	4.27	4	3	5	45.5%	18.41%
	路网密度	0.924	3.64	4	2	5	18.2%※	25.38%※
	科教投入占比	0.522	4.45	4	4	5	45.5%	11.73%
	人均卫生机构床位数	1.104	4.27	5	2	5	63.6%	25.85%※
	城镇居民可支配收入	0.786	4.27	4	3	5	45.5%	18.41%
	医疗保险参保率	1.036	3.55	4	2	5	18.2%※	29.18%※

续表

	指标	标准差（SD）	平均值（$\overline{X}$）	中位数（M）	最小值（Min）	最大值（Max）	满分比（K）	变异系数（CV）
三级指标	化肥使用量	0.505	4.36	4	4	5	36.4%	11.58%
	固体废物排放量	0.647	4.27	4	3	5	36.4%	15.15%
	二氧化硫排放量	0.701	3.91	4	3	5	18.2%※	17.93%
	人口密度	0.405	4.82	5	4	5	81.8%	8.40%
	植被覆盖指数（NDVI）	0.405	4.82	5	4	5	81.8%	8.40%
	年平均气温	1.128	3.55	4	1	5	18.2%※	31.77%※
	空气质量优良比例	0.674	4.36	4	3	5	45.5%	15.46%
	年平均降水量	1.191	3.73	4	1	5	27.3%	31.93%※
	造林面积	0.467	4.73	5	4	5	72.7%	9.87%
	生活垃圾无害处理率	0.688	4.45	5	3	5	54.5%	15.46%
	污水处理厂集中处理率	0.647	4.27	4	3	5	36.4%	15.15%

注：※表明该指标已超过临界值，并应考虑删除。

2.专家协调程度结果

在首轮咨询调查问卷反馈信息的基础上，对各级的评价指标进行了

Kendall's W 一致性检验，p<0.05，评价指标体系总体 Kendall's w为0.215，p<0.001，这意味着专家们对各级指标的意见相对一致，总体的协调程度也较高，具体结果如表7-7所示。

表7-7　专家意见协调程度情况

指标	Kendall's W	卡方	P值
一级指标	0.202	2	0.157
二级指标	0.23	0.667	<0.0001
三级指标	0.213	51.492	<0.0001
总体	0.215	63.846	<0.0001

3.指标修改情况

根据首轮调查问卷的咨询反馈结果，以专家对各指标的重要程度打分结果为基础，对指标体系进行了优化。若指标重要度评分的结果符合以下三项标准中的两项：均数值<3.5，满分比K≤20%，变异系数CV>0.25，则根据专家在调查问卷表上征询的意见结果，来确定最终的指标。

此轮没有增加、删除和修改一级、二级指标。对于三级指标，有下述删改：

（1）删去路网密度指标。

（2）删去医疗保险参保率指标。

（3）根据专家意见：年平均气温和年降水量并不表征生态系统适应程度而是反映更大尺度下的生态"背景"，将年平均气温和年降水量合并，转为气候适宜度指标。

（4）将固体废物排放量指标和二氧化硫排放量指标合并为环境污染系数指标。

（四）专家第二轮问卷结果

1.专家意见集中度结果

第二轮咨询问卷反馈结果中所有指标均值均在4.3以上。在三级指标中，气候适宜度和环境污染系数指标均数高于4，且新增指标环境污染指数满分比为100%。专家对新增指标的认可度较高，各具体指标情况见表7-8。

表7-8　第二轮专家意见集中程度情况

	指标	标准差（SD）	平均值（$\bar{X}$）	中位数（M）	最小值（Min）	最大值（Max）	满分比（K）	变异系数（CV）
一级指标	社会子系统	0.522	4.55	5	4	5	54.5%	11.47%
	生态子系统	0.522	4.55	5	4	5	54.5%	11.47%
二级指标	压力	0.505	4.64	5	4	5	63.6%	10.88%
	状态	0.505	4.64	5	4	5	63.6%	10.88%
	响应	0.505	4.64	5	4	5	63.6%	10.88%
三级指标	单位GDP能耗	0.405	4.82	5	4	5	81.8%	8.40%
	单位GDP表观二氧化碳排放量	0.505	4.64	5	4	5	63.6%	10.88%
	失业率	0.522	4.45	4	4	5	45.5%	11.73%
	人均GDP	0.405	4.82	5	4	5	81.8%	8.40%
	人均粮食产量	0.505	4.36	4	4	5	36.4%	11.58%
	城镇化率	0.522	4.55	5	4	5	54.5%	11.47%
	产业结构多样化指数	0.522	4.55	5	4	5	54.5%	11.47%
	科教投入占比	0.302	4.91	5	4	5	90.9%	6.15%
	人均卫生机构床位数	0.467	4.73	5	4	5	72.7%	9.87%
	城镇居民可支配收入	0.522	4.55	5	4	5	54.5%	11.47%
	化肥使用量	0.522	4.55	5	4	5	54.5%	11.47%

续表

	指标	标准差（SD）	平均值（$\bar{X}$）	中位数（M）	最小值（Min）	最大值（Max）	满分比（K）	变异系数（CV）
三级指标	环境污染指数	0	5	5	5	5	100%	0.00%
	人口密度	0.505	4.64	5	4	5	63.6%	10.88%
	植被覆盖指数（NDVI）	0	5	5	5	5	100%	0.00%
	气候适宜度	0.522	4.55	5	4	5	54.5%	11.47%
	空气质量优良比例	0.467	4.73	5	4	5	72.7%	9.87%
	造林面积	0	5	5	5	5	100%	0.00%
	生活垃圾无害处理率	0.505	4.64	5	4	5	63.6%	10.88%
	污水处理厂集中处理率	0.522	4.45	4	4	5	45.5%	11.73%

2.专家协调程度结果

在第二轮咨询调查问卷反馈信息的基础上，对各级的评价指标进行了Kendall's W一致性检验，评价指标体系总体Kendall's W为0.382，p<0.001，这意味着专家们对各级指标的意见相对一致，总体的协调程度也较高，具体结果见表7-9。

表7-9　专家意见协调程度情况

指标	Kendall's W	卡方	P值
一级指标	0.331	4	0.169
二级指标	0.308	0.667	<0.0001
三级指标	0.396	34.748	<0.0001
总体	0.382	35.661	<0.0001

第四节　评价指标体系最终确立及数据来源

通过两轮的专家问卷调查，最后得到了由2个一级指标6个二级指标和19个三级指标组成的社会生态系统适应性评价指标体系，见表7-10。

表7-10　社会生态系统适应性评价指标体系

一级指标	二级指标	三级指标	性质	指标释义
社会子系统	社会压力（P）	单位GDP能耗（P1）	-	能源消耗强度
		单位GDP表观二氧化碳排放量（P2）	-	单位碳排放强度
		失业率（P3）	-	系统就业稳定程度
	社会状态（S）	人均GDP（S1）	+	人均经济水平
		人均粮食产量（S2）	+	农业发展稳定性
		城镇化率（S3）	-	系统城镇化进程
		产业结构多样化指数（S4）	-	产业结构平衡程度
	社会响应（R）	科教投入占比（R1）	+	公共服务水平
		人均卫生机构床位数（R2）	+	医疗卫生水平
		城镇居民可支配收入（R3）	+	居民经济条件
生态子系统	生态压力（P）	化肥使用量（P4）	-	环境污染程度
		环境污染指数（P5）	-	对环境压迫程度
		人口密度（P6）	-	系统压力状态
	生态状态（S）	植被覆盖指数（NDVI）（S5）	+	系统自然条件
		气候适宜度（S6）	+	系统宜居水平
		空气质量优良比例（S7）	+	系统大气水平
	生态响应（R）	造林面积（R4）	+	环境支持力度
		生活垃圾无害处理率（R5）	+	区域生态治理力度
		污水处理厂集中处理率（R6）	+	工业治理力度

注：①产业结构多样化指数计算公式：$r = -1 / \sqrt{\sum_{i=1}^{n} x_i^2}$，其中$x_i$为一、二、三产业占GDP比重。

②环境污染指数为工业废水、废气和固体废物三种污染物根据熵值法计算权重加权得到。

③气候适宜度$= \Sigma \mid$月均温度-适宜温度$\mid$。适宜温度随季节变化：5—7月为25℃，2—4月、8—10月为20℃,1、11、12月为15℃。

125

　　根据淮河生态经济带范围和前人研究，选取28个淮河生态经济带城市作为研究样本，在考虑数据的可获取性、客观性和典型性的基础上，并基于全文统一的时间分析序列，选取研究样本2005年—2020的年度数据。其中社会经济数据主要来源于2006—2021年的各省和各市的统计年鉴。

　　在数据搜集过程中，由于个别指标的部分年份数据缺失，如空气质量优良比例、单位GDP能耗等指标采用插值法进行缺失数据补齐。本章的大多数指标数据可直接获得，部分指标数据如气候适宜度、产业结构多样化指数、环境污染指数、科教投入占比等指标通过对数据进行二次计算获得。

　　本章矢量数据来源具体见表7–11所示。

表7–11　研究数据来源

指标	具体说明
植被归一化指数（NDVI）	1km分辨率栅格数据（https：//resdc.cn）
碳排放数据	中国碳核算数据库（https：//www.ceads.net.cn/）
月平均气温数据	国家气象科学数据中心（http：//data.cma.cn/）

第五节　基于熵值法确定指标权重

　　熵值法是一种客观赋权方法，主要用于多指标评价分析中对各指标权重的确定。通过熵的特性来计算各个指标的离散程度，离散程度越大，权重越大[102]。熵值法是客观赋权的方法，相较于层次分析法等主观赋权法而言有一定的客观性与精确性，通过熵值法确定的权重可以进行修正。具体步骤如下：

　　指标选取：假设有h个年份，m个城市，n项指标，则$X_{\lambda ij}$为第λ个城市第i年第j个指标的初始值。

数据标准化：社会生态系统适应性指标的属性意义差异很大，社会生态系统适应性指标体系内部的原始数据维度也不尽相同，需对原始数据进行标准化处理。本书在此基础上，利用极差归一化法对各项指标进行了标准化处理。计算公式如下：

正向指标计算公式：

$$N_{\lambda ij} = \frac{X_{\lambda ij} - Min(X_j)}{Max(X_j) - Min(X_j)}$$

负向指标计算公式：

$$N_{\lambda ij} = \frac{Max(X_j) - X_{\lambda i j}}{Max(X_j) - Min(X_j)}$$

$S_{\lambda ij}$ 为第 λ 个城市第 i 年第 j 个指标的归一化值；$X_{\lambda i j}$ 为第 λ 个城市第 i 年第 j 个指标的初值；$Max(X_j)$、$Min(X_j)$ 分别表示第 j 个指标的最大值与最小值。

指标标准化处理：对各指标归一化后进行同度量化，并对第 λ 个城市第 i 年第 j 个指标值的比重 $P_{\lambda ij}$ 进行计算。

$$P_{\lambda ij} = \frac{N_{\lambda ij}}{\sum_{\lambda=1}^{m}\sum_{i=1}^{h}(N_{\lambda ij})}$$

计算各指标的熵值 e_j：

$$e_j = -k\sum_{\lambda=1}^{m}\sum_{i=1}^{h}(P_{\lambda ij} \times \ln P_{\lambda ij})$$

其中 $k = \frac{1}{\ln hm}$，$k > 0$。

计算各指标熵值的冗余度 d_j：

$$d_j = 1 - e_j$$

计算各指标权重 w_j：

$$w_j = \frac{d_j}{\sum_{j=1}^{n} d_j}$$

计算各年份的适应性指数：

将归一化的各项指标进行加权求和，得出两个子系统的压力指数、状态指数和响应指数：

$$P_{\lambda j} = \sum_{i=1}^{n} (N_{p\lambda ij} \times w_j)$$

$$S_{\lambda j} = \sum_{i=1}^{n} (N_{s\lambda ij} \times w_j)$$

$$R_{\lambda j} = \sum_{i=1}^{n} (N_{r\lambda ij} \times w_j)$$

式中，P_{cj}、S_{cj}、R_{cj} 分别为城市 c 在第 j 年的压力、状态和响应指数，$N_{p\lambda ij}$ 为城市 λ 在第 i 年的压力指标 j 归一化后的值，$N_{s\lambda ij}$ 为城市 λ 在第 i 年的状态指标 j 归一化后的值，$N_{r\lambda ij}$ 为城市 λ 在第 i 年的响应指标 j 归一化后的值，w_j 为指标对应的权重，通过熵权法求得。

将社会子系统的压力、状态和生态指数三类指数叠加，得到社会子系统的适应性得分：

$$SESPs = P_{\lambda j} \times w_{p1} + S_{\lambda j} \times w_{s1} + R_{\lambda j} \times w_{r1}$$

$$SESPe = P_{\lambda j} \times w_{p2} + S_{\lambda j} \times w_{s2} + R_{\lambda j} \times w_{r2}$$

式中，w_{p1}、w_{s1} 和 w_{r1} 分别是社会子系统中压力、状态和响应指标的权重，w_{p2}、w_{s2} 和 w_{r2} 分别是生态子系统中压力、状态、响应指标的权重。经课题组讨论，压力、状态、响应同等重要，赋予同等权重。

同理可计算生态子系统适应性（SESPe）。在综合考虑了各子系统的适

应能力后，将社会子系统适应性与生态子系统适应性相加，得到了社会生态系统的总适应性指数：

$$SESP = \frac{1}{2}(SESPs + SESPe)$$

第六节　本章小结

本章主要构建了淮河生态经济带社会生态系统适应性评价指标体系，主要以文献分析法对评价指标体系进行分析，然后根据科学性、系统性、区域性、动态性、可操作性和代表性原则对指标进行初筛。对于获得的淮河生态经济带社会生态系统适应性评价指标体系经过德尔菲法两轮问卷，获得了最终的淮河生态经济带社会生态系统适应性评价指标体系。

第八章　淮河生态经济带社会生态系统适应性演进分析及障碍因素研究

基于上文社会生态系统适应性评价指标体系，计算得到淮河生态经济带社会生态系统的压力、状态、响应水平，本章将以淮河生态经济带区域为研究对象，对区域尺度下的淮河生态经济带社会生态系统适应性水平进行时间序列和空间序列的分析。并通过ArcGIS10.8自然间断法将系统压力、状态以及响应水平划分为五个等级，进而对淮河生态经济带2005年、2010年、2015年、2020年间的社会生态系统适应性时空演化分异规律进行分析，并对其障碍因素进行研究。

第一节　淮河生态经济带社会生态系统适应性权重确定

经过极差标准化法和熵值法得到了淮河生态经济带社会生态系统适应性

指标体系的各指标权重系数，如表8-1所示。

表8-1　淮河生态经济带适应性指标权重系数

目标层	维度层	准则层	指标释义	权重系数
社会子系统	压力	单位GDP能耗（P1）	能源消耗强度	0.0073
		单位GDP表观二氧化碳排放量（P2）	单位碳排放强度	0.0091
		失业率（P3）	系统就业稳定程度	0.0276
	状态	人均GDP（S1）	人均经济水平	0.1510
		人均粮食产量（S2）	农业发展稳定性	0.0633
		城镇化率（S3）	系统城镇化进程	0.0343
		产业结构多样化指数（S4）	产业结构平衡程度	0.0490
	响应	科教投入占比（R1）	公共服务水平	0.0092
		人均卫生机构床位数（R2）	医疗卫生水平	0.0769
		城镇居民可支配收入（R3）	居民经济条件	0.1063
生态子系统	压力	化肥使用量（P4）	环境污染程度	0.0469
		环境污染指数（P5）	对环境压迫程度	0.0234
		人口密度（P6）	系统压力状态	0.0678
	状态	植被覆盖指数（NDVI）（S5）	系统自然条件	0.0157
		气候适宜度（S6）	系统宜居水平	0.0392
		空气质量优良比例（S7）	系统大气水平	0.0315
	响应	造林面积（R4）	环境支持力度	0.2010
		生活垃圾无害处理率（R5）	区域生态治理力度	0.0179
		污水处理厂集中处理率（R6）	工业治理力度	0.0228

第二节　淮河生态经济带社会子系统适应性动态演进分析

一、淮河生态经济带社会子系统适应性时间序列动态演进分析

依据计算得出淮河生态经济带社会子系统适应性指数，具体数值见附录C。淮河生态经济带社会子系统适应性指数描述性统计如表8-2所示。

表8-2　淮河生态经济带社会子系统适应性指数描述性统计

年份	平均值	标准差	变异系数	偏态系数	峰态系数
2005	0.101	0.024	0.240	0.578	−0.573
2006	0.115	0.026	0.223	0.510	−0.652
2007	0.129	0.028	0.217	0.307	−0.248
2008	0.145	0.028	0.193	0.385	−0.904
2009	0.158	0.029	0.184	0.535	−0.351
2010	0.175	0.033	0.189	0.523	−0.3
2011	0.196	0.038	0.194	0.536	−0.414
2012	0.215	0.041	0.191	0.57	−0.479
2013	0.227	0.044	0.194	0.56	−0.329
2014	0.247	0.046	0.186	0.747	0.097
2015	0.263	0.049	0.186	0.652	0
2016	0.276	0.051	0.185	0.939	0.442
2017	0.28	0.053	0.189	0.972	0.804
2018	0.298	0.055	0.185	1.101	1.102
2019	0.318	0.057	0.179	1.134	0.977
2020	0.33	0.058	0.176	0.986	0.549

2005—2020年淮河生态经济带社会子系统适应性指数时间序列特征为：

（1）2005年、2010年、2015年、2020年淮河生态经济带社会子系统适应性指数平均值分别为0.101、0.175、0.263、0.33，适应性指数呈直线上升趋势，上升幅度呈递减趋势，表明淮河生态经济带社会子系统逐渐趋于稳定；

（2）标准差基本处于0.024-0.058之间，变异系数稳定于（0.1,0.3）区间内，表明淮河生态经济带各城市社会子系统适应性离散程度较小；

（3）偏态系数均为正值，且先变小后变大，说明淮河生态经济带社会子系统适应性指数基本低于平均值区间，社会子系统低适应性地区数量较多；

（4）峰态系数呈先减少后增加的波动态势，2005—2013年峰态系数为负值，2014—2020年为正值，表明淮河生态经济带社会子系统适应性指数在2014年前在均值以下集中分布，并逐步往均值以上分布，且较为分散地分布在整个区间。

就淮河生态经济带整个区域而言，社会子系统适应性的动态演进表现出全阶段上升的态势，其中33%的阶段增速超过10%。在2005—2020年区间内，城市建设和经济发展对整个区域的社会子系统影响较大。2017年淮河生态经济带社会子系统适应性增速放缓，仅有1.45%，主要原因在于该阶段单位GDP能耗有所增加，响应层指标的科教投入占比增速仅有0.7%，人均卫生机构床位数出现下降所引起的社会子系统增幅放缓。

二、淮河生态经济带社会子系统适应性空间格局动态演进分析

在空间分布上，淮河生态经济带社会子系统从2010年开始呈现出"东高西低"的分布格局。其中，扬州市的社会子系统适应性指数均值均处于同期最高状态，为0.317，其次为泰州市，均值为0.302，紧随其后的是淮安市。从淮河生态经济带三大区域来看，2005年淮河经济带社会子系统适应性指数相差不大，空间差异性较小，仅东部海江河湖联动区的扬州市和泰州市处于相对领先状态。东部海江河湖联动区从2010年后处于同期遥遥领先状态，其

次为北部淮海经济区，最后为中西部内陆崛起区。

表8-3　淮河生态经济带社会子系统适应性等级表

年份	低适应性	较低适应性	中等适应性	较高适应性	高适应性
2005	26	2	0	0	0
2010	10	16	2	0	0
2015	0	10	14	4	0
2020	0	0	15	10	3

从不同适应性分级区间来看，整体适应性随时间呈增长态势，2005年以低适应性为主，2010年以较低适应性为主，说明低适应性城市不断向高适应性发展。2015年以中等适应性为主，2020年以中等适应性和较高适应性为主，从趋势上看，淮河生态经济带各城市适应性呈上升趋势，最终会集中于中等适应性和较高适应性区间。

第三节　淮河生态经济带生态子系统适应性动态演进分析

一、淮河生态经济带生态子系统适应性时间序列动态演进分析

通过计算得出淮河生态经济带社会子系统适应性指数，具体数值见附录D。淮河生态经济带生态子系统适应性指数描述性统计如表8-4所示。

表8-4 淮河生态经济带生态子系统适应性指数描述性统计

年份	2005	2006	2007	2008	2009	2010	2011	2012
平均值	0.202	0.209	0.214	0.222	0.226	0.209	0.219	0.215
标准差	0.035	0.029	0.027	0.038	0.047	0.039	0.044	0.046
变异系数	0.173	0.139	0.126	0.171	0.208	0.187	0.201	0.214
偏态系数	0.982	0.801	0.525	1.777	1.902	0.951	1.127	1.006
峰态系数	0.616	0.499	0.472	2.887	4.254	0.808	1.284	1.642
年份	2013	2014	2015	2016	2017	2018	2019	2020
平均值	0.218	0.224	0.212	0.207	0.212	0.207	0.212	0.214
标准差	0.061	0.048	0.042	0.052	0.053	0.049	0.046	0.042
变异系数	0.280	0.214	0.198	0.251	0.250	0.237	0.217	0.196
偏态系数	1.256	1.041	0.590	1.237	0.899	0.886	0.677	0.996
峰态系数	1.124	0.978	−0.012	1.697	0.319	0.321	−0.335	0.401

2005—2020年淮河生态经济带生态子系统总体特征为：

（1）2005年、2010年、2015年、2020年淮河生态经济带生态子系统适应性指数平均值分别为0.202、0.209、0.212、0.214，适应性指数呈波动上升趋势并逐渐趋于稳定；

（2）标准差基本处于0.027-0.061之间，且标准差处于先上升后下降阶段，表明淮河生态经济带生态子系统适应性指数离散程度先增大后变小并逐渐稳定；

（3）变异系数呈先上升后下降趋势，表明生态子系统适应性空间差异逐渐缩小；

（4）偏态系数均为正值，且呈逐年下降趋势，表明淮河生态经济带生态子系统适应性指数基本低于平均值区间，生态子系统低适应性地区数量逐渐减少；

（5）峰态系数呈先增大后减小的态势，2009年峰态系数为4.254，表明淮河生态经济带生态子系统呈集中分布，后逐渐下降，淮河生态经济带生态子系统适应性指数较为分散地分布在整个区间。

淮河生态经济带区域整体的生态子系统适应性在时间序列的动态演进中表现出波动上升的特征，全阶段占比67%，但仅有13.3%的阶段增速3%，整体而言增速相对缓慢。表明在2005年至2020年期间，淮河生态经济带内的城市建设和经济发展并未对生态子系统产生正面影响，反而造成生态子系统适应性下降。2014—2016年区间，是淮河生态经济带生态子系统适应性唯一一次连续下滑的阶段，该过程共持续了两年。在这个阶段，淮河生态经济带内的人口压力增加，对生态环境压迫力增加，气候适宜度降低，空气污染风险显著提升，造林面积大幅下降，对生态子系统的响应能力不足，使生态子系统适应性连年下降。

表8-5　部分关键指标变化（2014—2016年）

	人口密度（人/平方公里）	气候适宜度（℃）	空气质量良好或优良天数比例（%）	造林面积（公顷）
2014年	683.36	71.54	68.9%	12024.75
2016年	699.53	78.48	64.8%	11029.40
变化量	16.17	6.94	−4.1%	−995.35

注：气候适宜度指标得分越高，适宜度越低

从表8-5中可知，人口密度的增加和造林面积的减少是造成该阶段淮河生态经济带生态子系统适应性下滑的主要原因。在城镇化进程不断加快的背景下，更要注重生态环境的保护和支持力度，推进大气污染防治，加大生态投入，建设生态大走廊，提高生态净化能力和涵养功能。

二、淮河生态经济带生态子系统适应性空间格局动态演进分析

从空间分布上可以看出，淮河生态经济带生态子系统的分布格局总体上表现为"四周高中间低"。在空间格局演化图中可以看出绿色区域中信阳市、

随州市和南阳市的生态子系统适应性一直处于较高水平，并且信阳市的生态子系统的均值处于最高，为0.296，其次为随州市，均值为0.283，之后为南阳市。就淮河生态经济带三大区域而言，中西部内陆崛起区生态子系统适应性处于相对遥遥领先状态，整体处于中等适应性往上的区间，信阳市一直处于领先状态，紧随其后的是东部海江河湖联动区，整体处于较低适应性区间，而北部淮海经济区整体处于低适应性和较低适应性区间内。

表8-6　淮河生态经济带生态子系统适应性等级表

年份	低适应性	较低适应性	中等适应性	较高适应性	高适应性
2005	8	11	6	2	1
2010	7	11	7	0	3
2015	5	11	6	4	2
2020	5	14	3	3	3

从不同适应性指数等级来看，不同年份的城市生态子系统适应性指数存在差异，但维持相对状态的稳定，生态子系统适应性不断提高，从低适应性向高适应性发展，但较多城市集中在较低适应性和中等适应性等级。

第四节　淮河生态经济带社会生态系统适应性动态演进分析

一、淮河生态经济带社会生态系统适应性时间序列动态演进分析

通过计算得出淮河生态经济带社会生态系统适应性指数，具体数值见

附录E。淮河生态经济带社会生态系统适应性指数描述性统计如表8-7所示。

表8-7　淮河生态经济带社会生态系统适应性指数描述性统计

年份	2005	2006	2007	2008	2009	2010	2011	2012
平均值	0.152	0.162	0.171	0.184	0.192	0.192	0.207	0.215
标准差	0.019	0.018	0.019	0.02	0.025	0.023	0.027	0.029
变异系数	0.125	0.111	0.111	0.109	0.130	0.120	0.130	0.135
偏态系数	−0.149	−0.327	−0.397	0.382	0.678	−0.071	0.017	−0.221
峰态系数	−0.781	−0.671	−0.722	0.054	0.663	−0.475	−0.097	−0.447
年份	2013	2014	2015	2016	2017	2018	2019	2020
平均值	0.223	0.236	0.237	0.241	0.246	0.252	0.265	0.272
标准差	0.032	0.028	0.028	0.031	0.032	0.033	0.034	0.035
变异系数	0.143	0.119	0.118	0.129	0.130	0.131	0.128	0.129
偏态系数	0.253	−0.187	−0.151	−0.004	−0.26	−0.137	0.311	0.267
峰态系数	0.013	−0.479	−0.464	−0.124	−0.146	−0.199	−0.515	−0.147

从表8-7可以得出淮河生态经济带社会生态系统适应性指数特征为：

（1）2005、2010、2015、2020年淮河生态经济带社会生态系统适应性指数平均值分别为0.152、0.192、0.237、0.272，适应性指数整体均值呈直线上升趋势，且上升幅度相对稳定。

（2）标准差基本处于0.01~0.035，标准差呈波动上升趋势，但上升幅度较小，说明淮河生态经济带社会生态系统适应性指数的离散程度较小，各城市间也有一定的差异，而且这种差异还在继续扩大。

（3）变异系数呈现出波动态势，尤为注意的是2013年变异系数为0.143，表明淮河生态经济带社会生态系统适应性空间差异性呈波动趋势，2013年淮河生态经济带社会生态系统适应性空间差异性最大。

（4）偏态系数基本处于（−0.5，0.5）区间内，淮河生态经济带各城市适应性指数基本处于平均值周边，且呈对称性分布，表明淮河生态经济带社会生态系统适应性指数基本处于低于平均值区间左右，适应性低的地区数量相对较多。

（5）峰态系数呈现出先增大后减小的波动变化趋势，且下降幅度明显，表明淮河生态经济带社会生态系统适应性相似地区呈散开分布。从时间序列上来看，2005—2020年间社会生态系统适应性呈直线上升状态，但整体增幅呈下降趋势。

表8-8　淮河生态经济带社会生态系统适应性等级表

年份	低适应性	较低适应性	中等适应性	较高适应性	高适应性
2005	19	9	0	0	0
2010	2	18	8	0	0
2015	0	3	17	8	0
2020	0	1	9	12	6

从不同适应性指数分级区间来看（表8-8），整体适应性指数随时间呈增长态势，2005年以低适应性为主，2010年较低适应性为主，说明低适应性城市不断向高适应性发展。2015年以中等适应性和较高适应性为主，2020年以较高适应性为主，从趋势上看，淮河生态经济带各城市适应性呈上升趋势，最终会集中于较高适应性区间。

二、淮河生态经济带社会生态系统适应性空间格局动态演进分析

在城市的空间分布上，可以看出其具有较为显著的空间差异性特征，分布态势表现为"中间低，四周高"。扬州市的适应性指数得分在0.174-0.346的分值区间内，总体上处于同期最高状态，呈逐年上升趋势，但增幅逐渐下降并趋于稳定，平均值为0.262。排名第二的是滁州市，其适应性指数区间为0.178-0.344，呈直线上升趋势，均值约为0.253。

就淮海生态经济带三大区域而言，东部海江河湖联动区同期处于领先状

态，基本领先平均值一个等级。其次为中西部内陆崛起区，都领先于北部淮海经济区。尤为关注的为周口市，其适应性指数基本处于同期最低状态。

第五节　淮河生态经济带社会生态系统格局演变障碍因子研究

外部多重压力扰动与内部结构交互作用推动社会生态系统进行格局演化，识别影响社会生态系统适应性的关键要素，有助于揭示系统的演变机制，把控社会生态系统适应性的有效实现。通过上文对适应性进行时空演化研究的分析，在此引入障碍度模型，辨识影响系统适应性的关键控制因子，为实现淮河生态经济带社会生态系统的正向演化提供切实有效的根据。

一、障碍因子模型

障碍度模型能够识别出影响社会生态系统适应性的关键因子，可以为促进社会生态系统的正向演化提供有效的依据。障碍度模型从因子贡献度、指标偏离度和障碍度3个指标对系统适应性进行分析诊断，计算公式如下：

$$P_{ij} = 1 - Y_{ij}$$

$$Z_j = \frac{P_{ij} \times G_j}{\sum_{j=1}^{n} P_{ij} G_j}$$

公式中：P_{ij} 为指标偏离度，是指单项指标与最优目标值之间的差距，也就是单项指标标准化 Y_{ij} 与 100%的差值。Z_j 为障碍度，反映单项指标对社会生态适应性的障碍程度；　为因子贡献度，它反映单项指标对社会生态系统适应性的影响程度，也就是单项指标在适应性上所占的权重。

通过对不同单项指标评价因子阻碍的分析，继续探讨准则层对总目标层的障碍度，即不同子系统对社会生态系统适应性的障碍度，见公式：

$$U_i = \sum_{j=1}^{m} Z_j$$

式中：U_i 为第 i 个准则层的障碍度；Z_j 为指标层障碍度。

二、指标层对总目标层障碍度分析

根据障碍度诊断模型，计算得出2005年、2010年、2015年和2020年淮河生态经济带社会生态系统适应性障碍度。由于淮河生态经济带社会生态系统适应性评价体系中指标因子众多，因此基于指标因子障碍度的测算结果，筛选出各时期系统适应性障碍度最高的前四个指标，识别出影响系统适应性的关键因子，结果如附录F所示。结果显示，在26项适应性指标中，选择28市地区排名前四的障碍因子进行统计对比分析，从总体上来说，淮河生态经济带各年排名靠前的障碍因子各不相同。

表8-9　淮河生态经济带各市前四位障碍度指标频数统计

2005		2010		2015		2020	
指标	频次	指标	频次	指标	频次	指标	频次
R4	27	R4	26	R4	26	R4	26
S1	25	S1	26	S1	26	S1	26
R3	19	R3	22	R3	26	R3	20
R2	19	R2	16	S2	13	R2	15

续表

2005		2010		2015		2020	
指标	频次	指标	频次	指标	频次	指标	频次
P6	10	P6	10	R2	10	S2	11
S2	8	S2	9	P6	7	P6	10
S4	3	S4	2	S4	3	S4	2
P4	1	S6	1	S6	1	P4	1
						S6	1

最后梳理出2005、2010、2015、2020年淮河生态经济带各城市排名前四位指标的障碍度，对其发生的频率进行统计对比分析，绘制上表。从表8-9可以观测到，前五位指标出现的频次较高，后几位指标出现的频次相对较低。观察频次排名，可以看出2005—2020年淮河生态经济带社会生态系统影响程度频次最高的障碍因子为R4（造林面积）、S1（人均GDP）、R3（城镇居民可支配收入）、R2（人均卫生机构床位数）、P6（人口密度）。2005—2020年出现频率高且排名靠前的障碍因素中均包含造林面积、人均GDP、城镇居民可支配收入、人均卫生机构床位数和人口密度。但在不同年份出现的频次以及影响程度不相一致。

2005—2020年出现频率较高且排名靠前的障碍因素中，造林面积持续排名第一，保持稳定，表明造林面积指标对淮河生态经济带社会生态系统适应性提升能力和影响能力最重要。其次是人均GDP指标，从2005年有25个市的前四影响因子到稳定26个市，影响程度排名第二，城镇居民可支配收入的障碍度呈先上升后下降的趋势，表明在经济方面，人均GDP和城镇居民可支配收入对淮河生态经济带社会生态系统适应性的影响不断加深。人均粮食产量指标的障碍度及出现频次有所下降，表明农业基本生产条件和环保支持能力对淮河生态经济带社会生态系统脆弱性的阻滞能力有所下降，但造林面积持续占据障碍度最影响因子，表明在生态利用方面、人工维护生态环境力度对淮河生态经济圈社会生态系统适应性的影响逐渐加深。

从各个维度层来看，压力层仅P6（人口密度）在各年障碍度影响因子前四较为稳定，但所占比例也较少，其余指标仅P4（化肥使用量）在2005年和2020年出现一次，表明压力层对社会生态系统整体脆弱性阻碍因素较小，但人口密度水平也在一定程度上阻碍了淮河生态经济带社会生态系统的稳定性。状态层维度包含人均GDP，人均粮食产量，市场化指数和气候适宜度，而剩余的人均卫生机构床位数、城镇居民可支配收入和造林面积则归属于响应层维度。各年适应性障碍因子均包括压力、状态、响应三个维度层，适应性空间分异与状态层维度的高度重合，说明状态层维度对社会生态系统脆弱性阻碍因素较大，已成为制约系统适应性的主要障碍影响因素。

各地区间的障碍因素也存在差异。例如，在2020年，扬州市的适应性排名最高，其主要的障碍影响因素为造林面积、人均粮食产量、人均卫生机构床位数和人口密度。南阳市的主要影响因子为人均GDP、城镇居民可支配收入、人均粮食产量和市场化指数。表明淮河生态经济带受人口压力与快速城市化的影响，在经济发展的同时带来了一系列生态问题。

从三大行政区域来看。东部海江河湖联动区主要障碍影响因子大体一致，包含造林面积、人均GDP、人均卫生机构床位数和城镇居民可支配收入。值得注意的是，扬州和泰州的主要影响因子包含人口密度，表明适应性受人口密度增长的阻滞作用较大，盐城市的主要影响因子包含市场化指数，应加强推动市场化对适应性的稳定作用。北部淮海经济区主要障碍因子与淮河生态经济带整体障碍影响因子基本一致，但相差较大的是，北部淮河经济区城市或多或少地均受人口密度的压力影响，有区别的是枣庄受人均粮食产量的阻滞作用较大、济宁市受气候适宜度的影响作用和宿迁市受市场化指数的阻滞作用较大。中西部内陆崛起区与北部淮海经济区相差不大，城市基本影响障碍因子也包含人口密度。值得关注的是，淮南市的主要影响因子包含市场化指数，孝感市的主要障碍因子是人均粮食产量。因此，要不断加强主要影响因子，提高整体社会生态系统适应性。

当前，已经形成了江苏省适应性远高于其他地区的发展格局，但地区发展不平衡问题尤为突出。特别是经济方面，江苏各市遥遥领先，而山东和河南各市经济发展能力较差，阻碍了经济快速增长，导致淮河生态经济带社会生态系统适应性空间差异性显著。

第六节　社会生态系统适应性模拟预测

借助arima算法，对淮河生态经济带2021—2030年社会生态系统适应性进行变化预测，详情见表8-10。

表8-10　淮河生态经济带社会生态系统适应性指数模拟预测

城市	2021	2022	2023	2024	2025	2026	2027	2028	2029	2030
蚌埠市	0.3068	0.3154	0.3237	0.3317	0.3394	0.3468	0.3538	0.3605	0.3668	0.3729
亳州市	0.2442	0.2492	0.2539	0.2584	0.2625	0.2664	0.2700	0.2733	0.2764	0.2793
滁州市	0.3452	0.3480	0.3561	0.3652	0.3780	0.3802	0.3850	0.3902	0.3921	0.3975
阜阳市	0.2427	0.2540	0.2663	0.2796	0.2942	0.3102	0.3279	0.3473	0.3691	0.3750
菏泽市	0.2545	0.2607	0.2666	0.2721	0.2773	0.2821	0.2866	0.2907	0.2945	0.2981
淮安市	0.3329	0.3453	0.3576	0.3699	0.3821	0.3942	0.4062	0.4180	0.4295	0.4408
淮北市	0.2866	0.2937	0.3006	0.3071	0.3133	0.3193	0.3250	0.3303	0.3354	0.3402
淮南市	0.2651	0.2679	0.2704	0.2726	0.2745	0.2762	0.2777	0.2790	0.2801	0.2811
济宁市	0.2607	0.2633	0.2656	0.2677	0.2696	0.2713	0.2728	0.2741	0.2753	0.2764
连云港市	0.2978	0.3057	0.3134	0.3209	0.3280	0.3349	0.3415	0.3478	0.3539	0.3596
临沂市	0.2470	0.2475	0.2479	0.2521	0.2578	0.2613	0.2624	0.2682	0.2721	0.2797
六安市	0.2803	0.2855	0.2902	0.2946	0.2986	0.3022	0.3056	0.3086	0.3114	0.3139
漯河市	0.2693	0.2788	0.2882	0.2976	0.3070	0.3163	0.3256	0.3347	0.3437	0.3525
南阳市	0.3068	0.3088	0.3105	0.3119	0.3110	0.3130	0.3140	0.3148	0.3155	0.3165
平顶山市	0.2543	0.2572	0.2597	0.2619	0.2639	0.2656	0.2672	0.2685	0.2697	0.2707
商丘市	0.2170	0.2203	0.2236	0.2270	0.2304	0.2339	0.2375	0.2412	0.2449	0.2487
宿迁市	0.2900	0.3016	0.3132	0.3249	0.3366	0.3482	0.3598	0.3713	0.3826	0.3938

根据预测结果可以发现：2021—2030年淮河生态经济带社会生态系统适应性指数水平处于较高水平，适应性指数分值区间为0.2781—0.3274，适应性指数呈稳定上升趋势，增幅较为稳定但从2025年往后适应性指数增长速度逐年放缓。2030年，淮河生态经济带高适应性城市占比57.1%，较高适应性城市占比39.3%。淮河生态经济带内的各城市社会生态系统适应性指数呈上升态势，仅周口市处于中等适应性城市。可以看出，淮河生态经济带内城市整体以高适应性和较高适应性为主，可以为淮河生态经济带适应性发展提供有力支撑。其中，2030年淮河生态经济带城市整体适应性指数达到最高值0.3274。

由图8-1—图8-3可知，东部海江河湖联动区2030年所有城市的社会生态系统适应性指数均超过了淮河生态经济带整体适应性指数，是支撑淮河生态经济带发展的有力推手。中西部内陆崛起区有30.8%的城市超过均值，北部淮海经济区有40%的城市社会生态系统适应性指数超过均值，在整体适应性发展过程中具有很大的潜力。

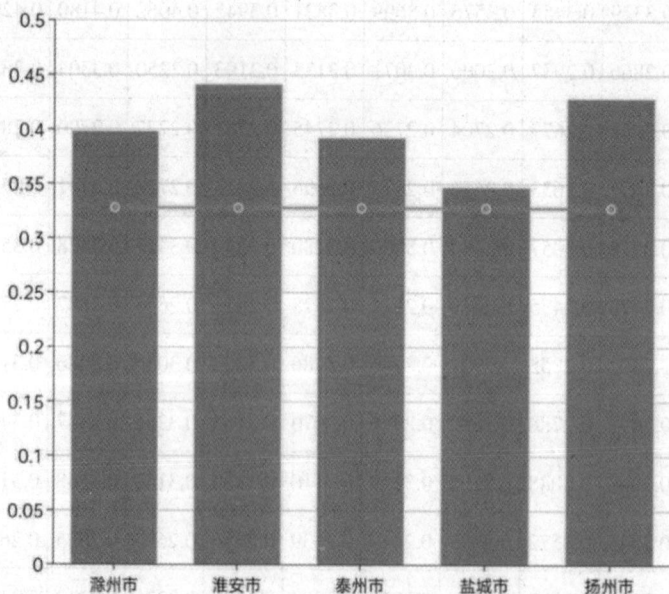

图8-1 东部海江河湖联动区2030年适应性模拟预测

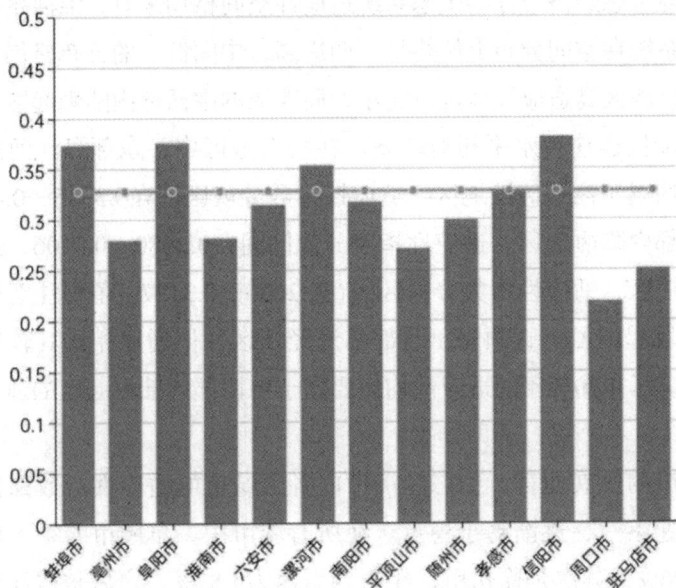

图8-2　中西部内陆崛起区2030年适应性模拟预测

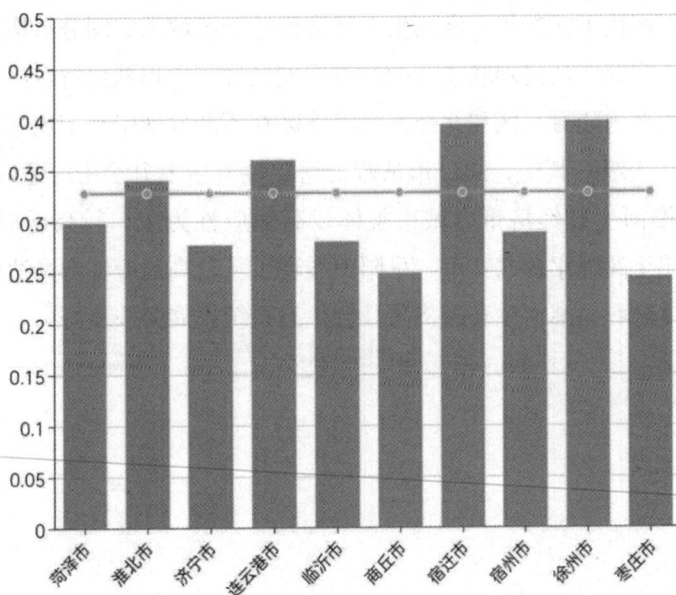

图8-3　北部淮海经济区2030年适应性模拟预测

从淮河生态经济带社会生态系统适应性空间格局来看，淮河生态经济带社会生态系统在空间分布上始终呈"四周高，中间低"的分布格局。特别是北部淮海经济区高适应性地区占比小，而四周的中西部内陆崛起区和东部海江河湖联动区适应性水平相对较高。在所有地区中，东部海江河湖联动区内的城市均属于高适应性地区，适应性指数分值区间在0.3345—0.4008，其次是中西部内陆崛起区，适应性指数分值区间在0.2680—0.3106，最后是北部淮海经济区，适应性指数分值区间在0.2630—0.3127。值得注意的是，中西部内陆崛起区虽一直领先于北部淮海经济区，但增速相比其较慢，而北部淮海经济区在2030年的适应性均值要高于中西部内陆崛起区的适应性平均水平。

就各市的发展而言，生态经济带内各个城市的适应性指数都在稳定增长，但增速不一，逐渐趋于稳定。在所有城市中，阜阳市的年平均增速最大，为4.96%，其次是徐州市，年平均增速为3.87%，之后是宿迁市，年平均增速为3.46%。枣庄市年平均增速仅0.2%。从淮河生态经济带整体适应性指数增速来看，增长速度在2022年达到最高，为2.12%，后先下降再上升，2025年之后增长速度逐年下降。

2025年相比于2020年，淮河生态经济带整个区域的空间分布格局发生了较大变化。东部海江河湖联动区的城市在发展过程中仍然保持着高适应性的状态。中西部内陆崛起区和北部淮海经济区在不断发展中也实现了适应性等级基本升高一级。其中，周口市从较低适应性等级上升至中等适应性等级。2030年，淮河生态经济带内城市整体以高适应性为主，较高适应性为辅。2030年相比于2025年，六安市、阜阳市实现了从较高适应性向高适应地区的转变。总体来看，淮河生态经济带社会生态系统发展势头良好。

第七节　本章小结

本章基于上一章对淮河生态经济带社会生态系统适应性评价指标体系的构建，对淮河生态经济带社会生态系统适应性指数进行了测度，选取淮河生态经济带26个地级市为研究对象，首先基于熵值法对各城市适应性进行综合测度，并对淮河生态经济带社会生态系统适应性指数进行时间序列和空间格局的演变分析。其次根据障碍度模型探寻影响适应性的主要指标，通过arima算法对淮河生态经济带各市未来十年的社会生态系统适应性进行预测，得出以下结论：

基于淮河生态经济带社会生态系统适应性动态演进分析，淮河生态经济带社会生态系统适应性整体呈上升趋势，增幅相对稳定。社会子系统呈直线上升趋势，但上升幅度呈递减态势。生态子系统适应性呈波动上升趋势并逐渐趋于稳定。淮河生态经济带适应性指数整体呈"中间低，四周高"的空间分布格局，东部海江河湖联动区适应性指数同期处于领先状态，其次为中西部内陆崛起区，最后是北部淮海经济区。

运用障碍度诊断模型，从指标层和准则层对影响淮河生态经济带社会生态系统适应性指数的障碍因子进行深入探究。结果表明2005—2020年出现频率高且排名靠前的障碍因素中均包含造林面积、人均GDP、城镇居民可支配收入、人均卫生机构床位数和人口密度。但在不同年份出现的频次以及影响程度不相一致。2005—2020年出现频率较高且排名靠前的障碍因素中，造林面积持续排名第一，保持稳定。各年适应性障碍因子均包括压力、状态、响应三个维度层，适应性空间分异与状态层维度重合度较高，表明状态层维度已经成为制约社会生态系统适应性的主要障碍因素。

第九章　淮河生态经济带社会生态系统适应性循环及扰乱研究

上一章对淮河生态经济带社会生态系统适应性动态演化分析以及障碍因子研究，将进一步对社会生态系统的适应性循环过程进行研究，通过分析和识别淮河生态经济带的社会生态系统适应性循环过程，根据适应性特征对淮河经济带范围城市进行分类，最后再对社会生态系统的适应性演进过程进行评价，为淮河经济带城市发展提供借鉴。

第一节　适应性循环的属性及变化特征

适应性循环是指在一个长期的时间范围内，系统受到外界扰动时，内部应对能力之间交互作用的结果。在上一章的研究基础上，识别了2005—2020年间淮河生态经济带社会生态系统的适应能力在外部压力驱动下的演变和关键障碍因素，本章将对其适应性循环演变过程进行深入分析。

一、适应性循环的关键属性

根据适应性循环理论，在淮河生态经济带社会生态系统循环过程中，系统在各周期内的特征可以表征为"潜力""联通度"和"恢复力"。尺度是对社会生态系统进行界定的重要表征，在社会生态系统适应性循环过程中，不同研究尺度所表现出的差异性使得系统的属性要素呈现出不同的内容。在一个区域（地级市区域）尺度的社会生态系统中，潜力通常被描述为能够减轻系统所承受压力的所有组成成分，其关键因素主要包括对系统施加的有形或无形的压力，如单位GDP能耗、单位GDP表观二氧化碳排放量、失业率、化肥使用量、环境污染指数等方面。联通度则表征社会生态系统维持稳定所展现的状态，包括人均GDP、人均粮食产量、市场化指数、植被归一化指数、气候适宜度等方面。恢复力则是指当发生外部相对确定性的干扰和相对不确定性干扰时，系统所具有的应对和恢复能力。其中，相对确定性的干扰来自人口数量快速增长和城市规模的扩张所带来的压力，相对不确定性的干扰则是除了前者城市发展所造成的干扰外的其他干扰所带来的压力，如灾害、自然环境遭到破坏、政治动荡、疾病流行等情况。主要包括科教投入占比、人均卫生机构床位数、造林面积、生活垃圾无害化处理率等方面。

二、适应性循环的关键属性的变化特征

在适应性循环周期的各阶段，系统的时间分配也不是一定均衡的，具体表现如正向循环（r和k阶段）中周期长，发展慢，而逆向循环（Ω和a阶段）中周期短，发展快，因此，社会生态系统的潜力、联通度和恢复力水平会随适应性循环的运行规律而发生改变。如果将上述三个属性都给定为两个具体值，即"高"或"低"，那么经过排列组合后，在循环周期中这些属性能够形成8种组合。然而，这么多组合在适应性循环阶段中只有4种表现为正常状态，当另外四种组合出现时，说明该系统已经脱离了适应性周期，进入了一

种病态状态。

表9-1　适应性循环4阶段及病态状态下3个变量的变化特征

	项目	潜力	连通度	恢复力
循环阶段	开发	低	低	低
	保护	高	高	低
	释放	低	高	低
	更新	高	低	高
病态状态	贫困困境	低	低	高
	僵化困境	高	高	高
	锁定困境	低	高	高
	未知困境	低	高	高

第二节　适应性循环阶段识别

传统的社会生态系统并非静止不动的，其也会在外界干扰的影响下不断发生演变，梳理出其演变过程及驱动机制，是实现社会生态系统可持续发展的关键。此外，在历史发展过程中，还要特别注意到各种外界干扰是怎样影响传统的社会生态系统并为其带来新的机遇和挑战的。

一、聚类分析

聚类分析简单来说就是将研究的对象进行分类，其目标是在一个对象样本的集合中发现其自然的分组。但是，从统计学的观点来看，一般将聚类分析解释为：聚类（Clustering）是根据一定准则（比如距离）将一组数据划分为多个不同的类或簇，然后使同一类中的数据具有尽量多的相似度，同时不同类别中的数据之间具有尽量大的差异。也就是将聚类后性质相近的同类数据尽可能聚为一类，性质差别较大的数据尽量分离。从机器学习的角度来看，簇相当于隐藏模式。聚类是搜索簇的无监督学习过程。从实际应用的角度来看，聚类分析是数据预处理（降维）和信息挖掘的主要任务之一。

聚类的一般过程主要分为以下五个步骤。（1）数据准备。主要工作就是将数据的属性特征归一化与降维处理。（2）选取特征。从原始特征中选择最具代表性的特征，然后将其存入向量。（3）提取特征。在特征选择的基础上，将所选取的特征转换为新的、有效的、突出的特征。（4）聚类。根据某种距离函数计算相似度、度量并得到簇。（5）评估聚类结果。对聚类结果，如距离误差和（SSE）等进行评估。

聚类是一种无须人为干预的无监督学习的任务，它以研究对象之间的"距离"作为判别相似和不相似的标准。对于数值型数据的相似度度量，有以下几种相似度度量方法，如表9-2所示。

表9-2　相似度度量方法

相似度度量准则	相似度度量函数
Euclidean距离	$d(x, y) = \sqrt{\sum_{i=1}^{n} (x_i - y_i)^2}$
Manhattan距离	$d(x, y) = \sum_{i=1}^{n} \| x_i - y_i \|$
Chebyshev距离	$d(x, y) = \max_{i=1,2,\ldots,n}^{n} \| x_i - y_i \|$
Minkowski距离	$d(x, y) = \left[\sum_{i=1}^{n} (xi - yi)^p \right]^{\frac{1}{p}}$

随着大数据时代的到来，聚类分析技术得到了飞速发展。张宪超从算法的观点出发梳理聚类问题，把聚类方法分为三个阶段：经典算法阶段、高级算法阶段、多源数据算法阶段[129]。但是总的来说，尽管到目前为止，人们已

经根据研究对象和数据的表现形式，研究出了众多聚类算法，但是这些算法仍然属于几大经典聚类算法：基于划分的聚类、基于层次的聚类、基于网格和密度的聚类、其他聚类等，如图9-1所示。

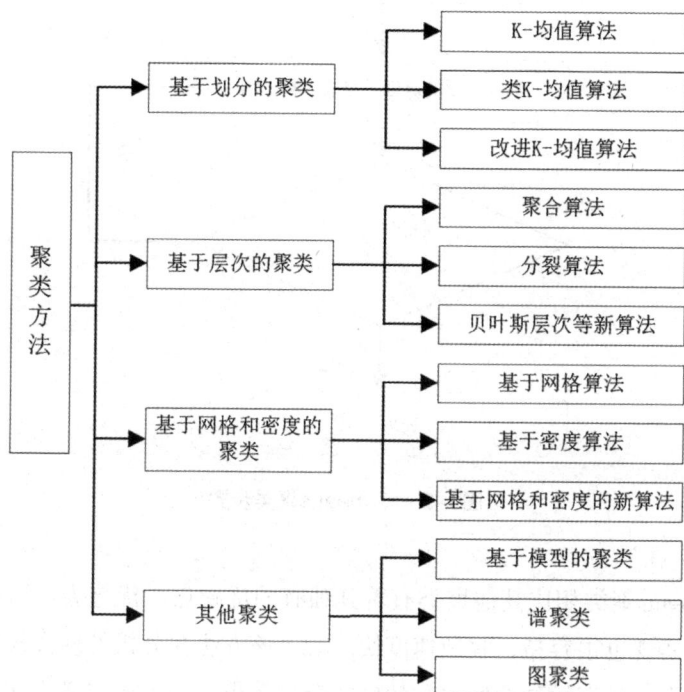

图9-1 聚类方法分类

K-means聚类也被称作快速聚类（K-Means Cluster），是指当簇内的类别数目已明确给定时，能迅速地将其他个案划分为对应的类，适用于大样本聚类。具体步骤图9-2所示：

```
┌─────────────────────────────┐
│      选择若干个聚类中心       │
└─────────────────────────────┘
              │
              ▼
┌─────────────────────────────┐
│  依据与聚类中心的距离分出初始聚类  │
└─────────────────────────────┘
              │
              ▼
┌─────────────────────────────┐
│  根据一定的原则，修改调整分类   │◄──────┐
└─────────────────────────────┘        │
              │                     否  │
              ▼                         │
         ╱─────────╲                    │
        ╱ 判断分类是否 ╲───────────────────┘
        ╲    合理    ╱
         ╲─────────╱
              │ 是
              ▼
┌─────────────────────────────┐
│          完成分类            │
└─────────────────────────────┘
```

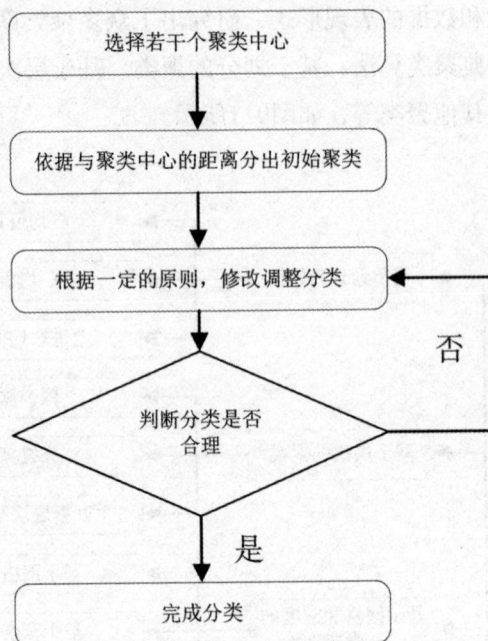

图9-2　K-means聚类步骤

K-means聚类相比其他聚类有着其独有的优缺点。优势为：（1）原理比较简单，实现也很容易，收敛速度快。（2）该方法在分析处理大规模数据集聚类问题上，具有较高的效率和较好的聚类效果。（3）簇与簇之间区别明显时，它的聚类效果很好。不足为：（1）分类数从初始分类开始就已确定，要求事先要对样本有足够的了解。（2）仅限于个案间的聚类（Q型聚类），不能对变量进行聚类。（3）个案间的距离的测量方法使用的是欧式距离的平方，因此只能对连续变量进行聚类。

二、适应性阶段识别

本研究主要分为经济带和城市两个尺度：在经济带尺度下，分别计算淮河生态经济带（2005—2020年）对上年同期相对应的社会子系统适应性、生

156

态子系统适应性和社会生态系统适应性三个系统的适应性的得分的变化率，采用K-means聚类分析方法；城市尺度下，也采用K-means聚类方法，对2005—2020各年对上年的城市社会生态系统对应的适应性的得分的变化率进行聚类，聚类数目均设为4。在稳定聚类的基础上，参考聚类结果，以每个分类的最大值、最小值与平均值为依据，总结归纳出每一类的得分特征。

依据适应性循环理论，在社会生态系统适应性循环周期中，当人为扰动社会子系统时，子系统会发生急剧的大幅变化，而生态子系统则会发生相对缓慢和滞后的变化，同时，社会和生态两个子系统也往往呈现出"不协调"的演变特点。根据聚类结果及特征分析，我们将适应性循环的四个阶段分为快速增长阶段、稳定守恒阶段、释放阶段与重组阶段。在快速增长阶段，社会生态系统的适应能力总体上仍在增长中，其结构功能也在逐步完善，但在这个时期社会子系统迅速发展的代价却可能是生态子系统的衰退；在稳定守恒阶段，社会生态系统的适应能力总体上仍在上升，但其发展速度相对来说开始放慢，各种不稳定性风险因素叠加，系统调节的恢复能力在下降；在释放阶段，社会生态系统适应性总体都处于衰退状态，系统面临着种种风险和冲突的威胁；在重组阶段，系统整体都在经历着自适应调整，整体适应能力和各子系统适应能力都在逐步恢复回升。经历一个重组阶段之后，这个系统将会以这个为基础进行新的一轮周期循环，如表9-3所示。

表9-3　适应性循环阶段识别

适应性循环阶段	社会子系统适应性得分	生态子系统适应性得分	社会生态系统适应性得分
快速增长	快速上升	缓慢上升	快速上升
稳定守恒	上升	缓慢上升或缓慢下降	上升
释放	缓慢上升或下降	快速下降	下降
重组	缓慢上升	缓慢上升或缓慢下降	缓慢上升

第三节　相关性分析

采用皮尔逊相关系数（r），对淮河生态经济带内各城市的社会子系统的适应性指数、生态子系统适的应性指数进行相关性分析。相关系数>0表示两个子系统之间存在着正相关关系，说明两个系统同向变化，而当相关系数<0的时候，则表示两个子系统之间是负相关关系，二者反向变化。按照数理统计中通常采用的判断方法，将相关性划分为高度相关（$0.8 \leq |r| < 1$）、中度相关（$0.5 \leq |r| < 0.8$）、低相关（$0.3 \leq |r| < 0.5$）和基本不相关（$0 \leq |r| < 0.3$）。

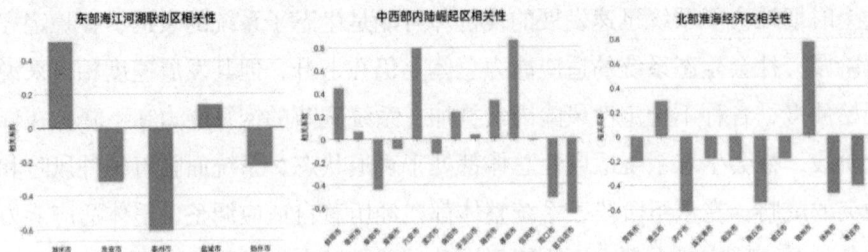

图9-3　淮河生态经济带各市社会子系统和生态子系统相关性

结果显示，淮河生态经济带的大多数城市中，它们的社会子系统与生态子系统的分值之间存在负的相关性。研究结果表明，在城市发展过程中，城市的社会与生态子系统之间存在着一种此消彼长的关系，它们的发展需要以牺牲对方为代价。东部海江河湖联动区多数城市处于基本不相关状态，滁州表现为中度正相关，表明滁州市的发展社会子系统和生态子系统相辅相成。亳州市社会子系统和生态子系统呈中度负相关，以彼此牺牲来换取发展提升。中西部内陆崛起区大部分城市社会子系统和生态子系统相关性表现为正相关状态，阜阳市表现为低度负相关，周口市和驻马店市表现为中度负相关状态，六安和孝感市表现为中度正相关状态，发展状态健康可持续。相比于东部海江河湖联动区与北部淮海经济区，中西部内陆崛起区绝大多数城市社会子系统和生态子系统表现为负相关状态，仅淮北市和宿州市为正相关状

态。该地区社会经济的发展较多地以牺牲生态为代价，系统协调性较差。

2010年以后，淮河生态经济带中大部分城市都相继颁布了与环保相关的政策、条例和规定，并且各个城市也都已经着手实施。例如，滁州市在2011年就开始了对水体污染防治的综合部署工作；2015年以后，相关政策、条例和法规的出台更为密集，说明生态子系统在此后得到更多的重视和保护。2010年，蚌埠市发布了一份关于治理违法排污企业专项行动的工作方案，保障了群众健康的同时也推进了环境保护。宿州市2010年宣布秸秆禁燃的通知，宿迁市2010年也颁布了关于实施蓝天工程行动方案的通知，在推动经济发展的同时也要带动生态环境的发展。安徽省于2020年10月8日颁布了《安徽省贯彻落实淮河生态经济带发展规划实施方案》，文件中提出要加速建设美丽宜居、充满活力、和谐有序、绿色发展的淮河（安徽）生态经济带。2023年6月20日，在淮河生态经济带第四次省际联席会议和城市合作市长会商会上提出，要从深入推动高质量发展的战略要求出发，聚焦生态保护和绿色发展，结合淮河生态经济带省际合作总体实施方案，提出了联保共治生态环境、协同完善基础设施、协同推动产业发展、共建共享公共服务、推进区域协调发展5个方面的184项具体任务。表明淮河生态经济带各市聚焦于推动生态发展，既要金山银山，也要绿水青山。

第四节　城市尺度社会生态系统适应性循环演进过程

一、城市尺度社会生态系统子系统演进特征

对淮河生态经济带社会生态系统的聚类结果进行分析，研究表明：当城

市在快速增长阶段，系统适应性增长速度最大，各子系统所承受的压力也最小，生态子系统状况也最好。当城市进入稳定守恒期后，系统适应性增长速度逐渐减缓，社会子系统发展状态达到峰值，但同时也加剧了社会和生态子系统的压力。在释放期时，系统压力指标分值最小，表明压力在此阶段达到最大，而系统响应指标却处于相对偏低的水平，这是城市社会生态系统最不稳定的时期。在重组过程时，社会和生态子系统的压力较前一阶段降低，这一时期的响应指标分值为最大，状态层指标则出现了回升。

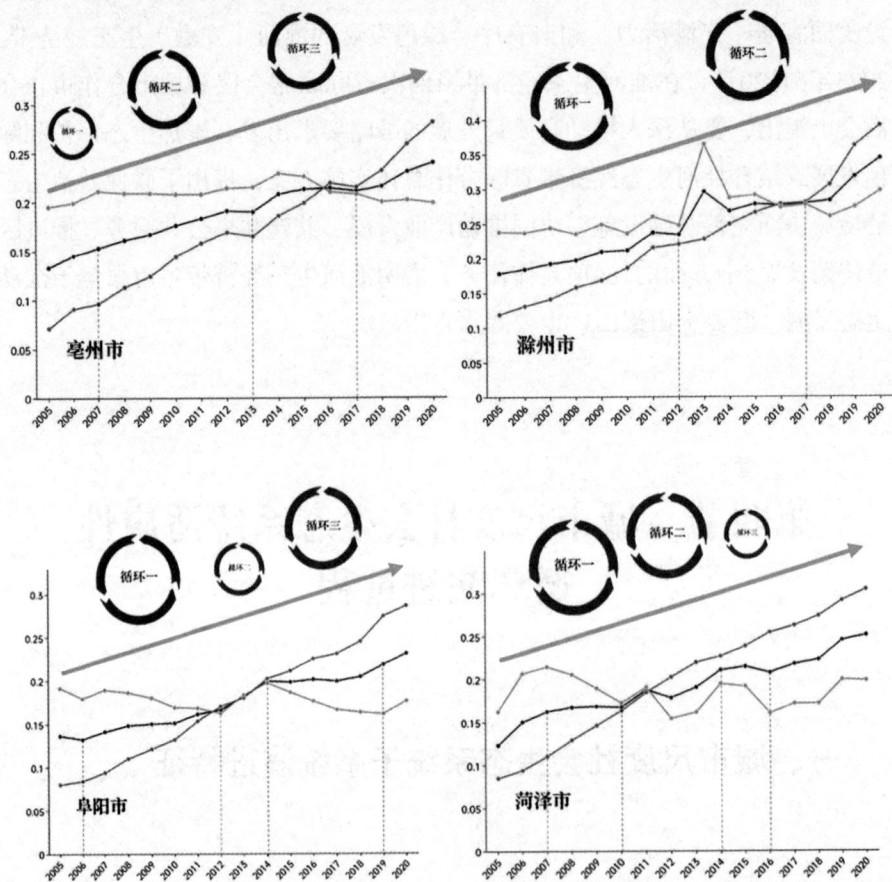

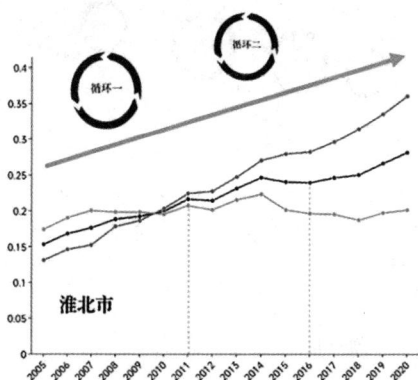

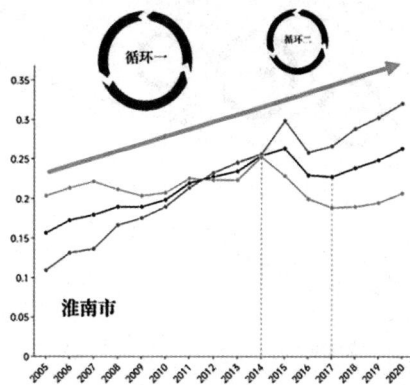

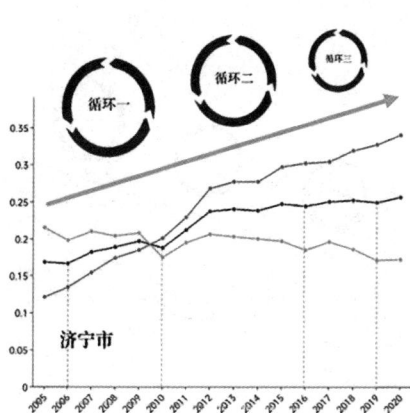

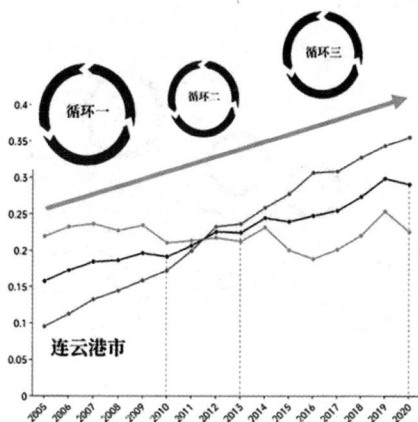

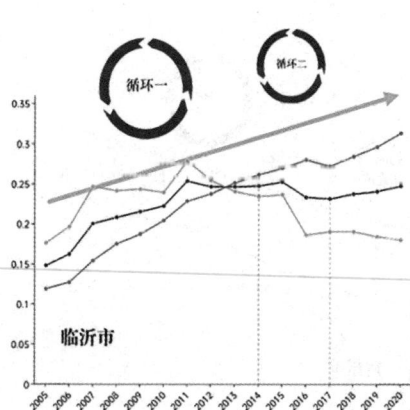

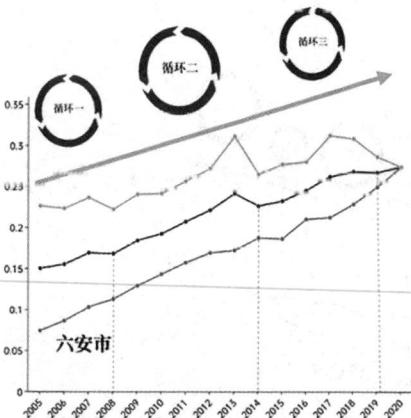

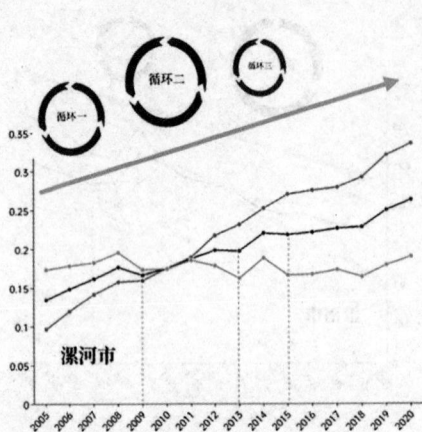

漯河市

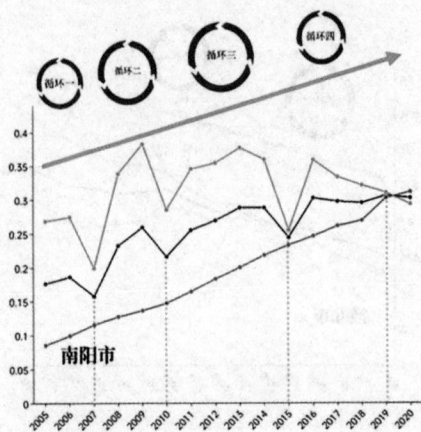

南阳市

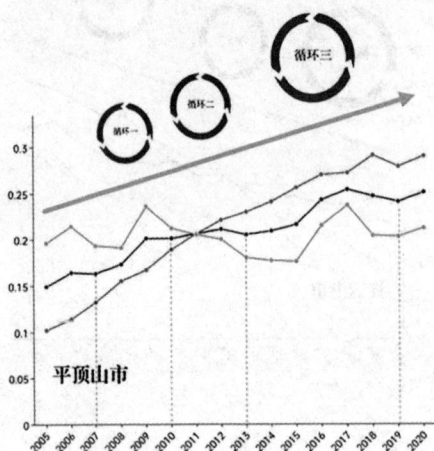

平顶山市

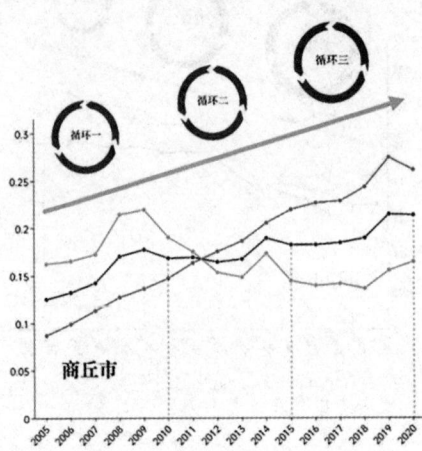

商丘市

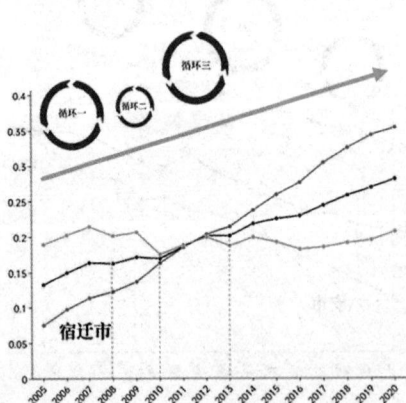

宿迁市

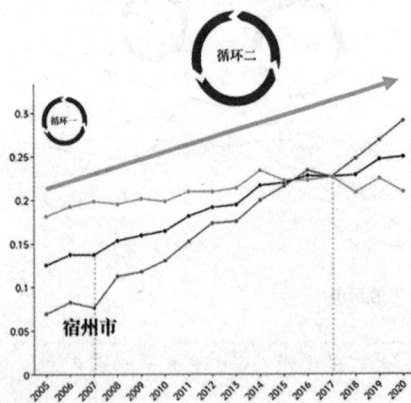

宿州市

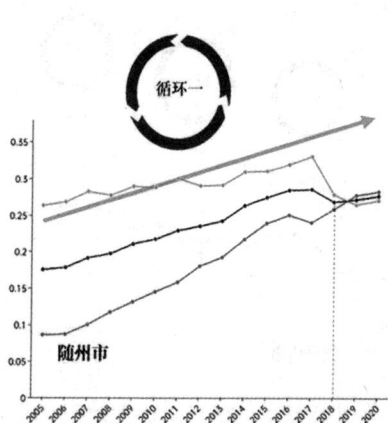

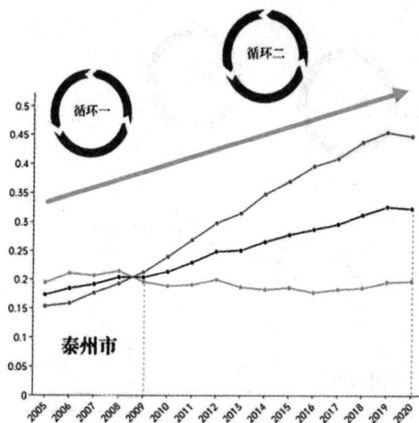

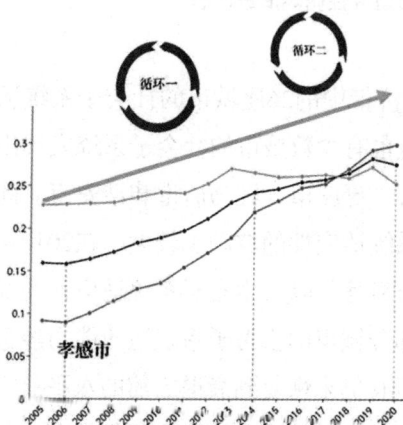

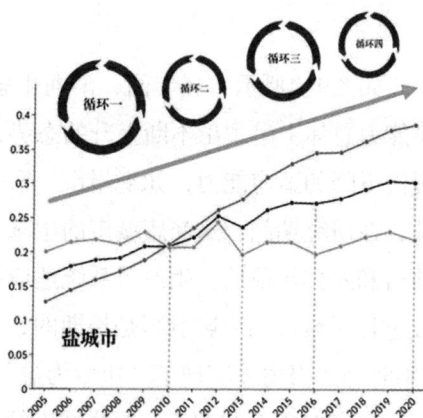

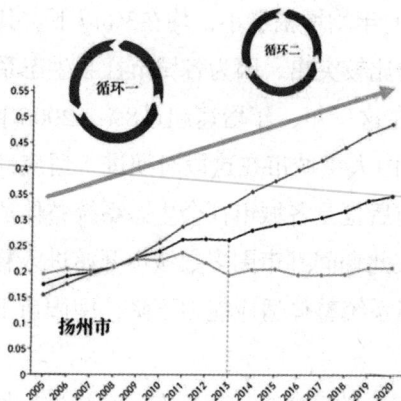

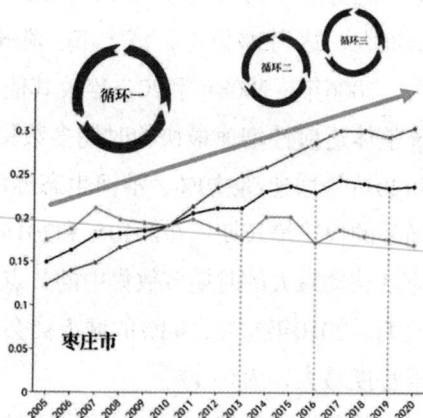

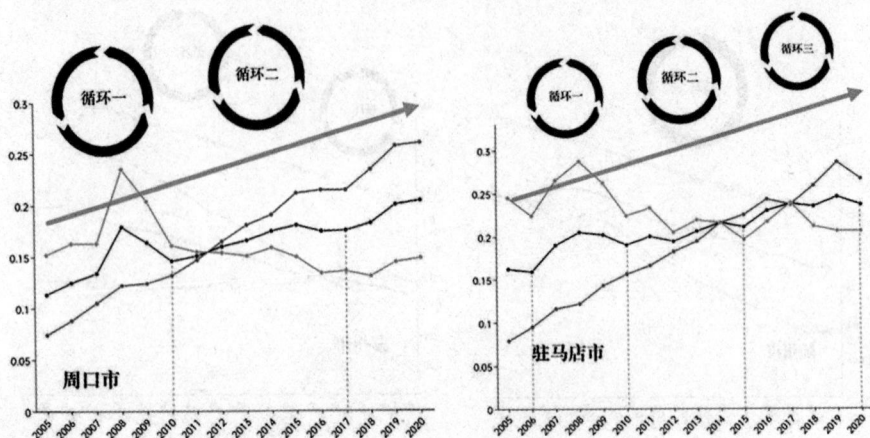

图9-4　淮河生态经济带各市适应性循环演进动态

如图9-4所示，16年间，淮河生态经济带中的26座城市的社会子系统适应能力总体上呈现出不断上升的态势，但也有少数城市的社会子系统表现出缓慢下降的适应能力，如亳州市、宿州市、枣庄市、驻马店市和淮安市。此外，在研究期间，这26座城市的生态子系统适应性的波动也较大。在2010年前后和2015年前后，生态子系统适应能力显著下降。生态子系统适应性的释放过程对城市来说影响则是长期的，大部分城市的生态子系统适应能力经过3年时间的努力才实现了"扭亏为盈"，但其仍未恢复到衰退之前的水平。

自2005年至2020年，这些城市的社会生态系统适应性水平逐年提高，呈上升趋势，年均增幅为4.1%，从图9-4中可以看出宿迁市、菏泽市的年均增幅最大，达到5%以上，济宁市、滁州市的年均增幅最小，均在3%以下。其次，2006年、2008年和2011年较其他年份比较突出，因为各城市社会生态系统整体适应性增速最快的时期多数集中在这三年，年增速超过8%，2006年和2011年增速超过9%，淮河生态经济带内大量城市在这段时期进入适应性循环的快速增长期。在2010年和2015年前后也是各城市社会生态系统整体适应性波动最大的时期多数集中的节点，在此期间都市圈多数城市开始进入释放期。2010年左右，43%的城市社会生态系统整体适应能力下降，南阳市下滑程度最大，为16.4%。

从各个子系统来看，社会子系统适应性增幅放缓，而生态子系统适应性

除淮南市、六安市、漯河市和孝感市外，其余城市都出现了不同程度的下滑，其中下滑最严重的城市是南阳市，达到了25.2%，其次是周口市，下滑幅度达21.3%。从细分指标上看，在这一阶段，各市的科教投入占比有所降低，而社会子系统对其响应不足则是造成其适应能力分值增长速度减缓的主要因素。生态子系统方面，几乎所有的指标都出现了负面状态，化肥使用量增加，环境污染指数上升，气候适宜度下降，空气优良比例下降，造林面积下降、生活垃圾无害化处理率降低。从而导致空气污染风险增大，造成生态子系统压力增加，表现出的状态指标下降，而响应也不充分，所以在2009年前后，出现城市建设对生态环境产生不利影响在逐步累加的情况。在2015年前后，67.9%的城市发生了生态子系统退化的状况，这一时期生态子系统的退化是导致淮河生态经济带社会生态系统整体失衡的主要因素。

二、城市尺度社会生态系统演进阶段与识别

淮河生态经济带依托淮河流域，按照"流域经济"理论，整体规划、区域推进、共同发展，推动信阳、蚌埠、淮安三个核心城市的崛起，发挥带头作用，推动附近城市发展，进而形成淮河生态经济带"一带三核多节点"的总体格局。促进淮河流域上中下游要素集聚，把淮河流域打造成继长三角、珠三角、环渤海之后的中国第四个经济发展增长极，成为我国中东部地区协调发展的示范区。

淮河生态经济带共包含28个城市，淮河生态经济带由东部海江河湖联动区、北部淮海经济区和中西部内陆崛起区三大区组成，在本节中，由于淮安市属于东部海江河湖联动区，信阳市和蚌埠市属于中西部内陆崛起区，而北部淮海经济区缺少具有代表性的城市，但淮河生态经济带一直着力提升徐州区域中心城市辐射带动能力，因此本研究以信阳市、蚌埠市、淮安市和徐州市为例，探析城市社会生态系统的适应性循环特征，以为适应性治理提出针对性的建议。

（一）信阳市

信阳市，古称义阳、申州、光州，是河南省辖地级市，位于鄂豫皖三省交界处、河南省南部，处于大别山北麓与淮河上游之间。北接驻马店市，东邻安徽省阜阳市、六安市，南邻湖北省黄冈市、随州市和孝感市，西衔南阳市。属亚热带向暖温带过渡地区。截至2022年末，信阳市常住人口616.6万人，下辖2个区、8个县，总面积18916平方千米。2005—2020年期间，信阳市GDP总量从508.56亿元增长到2805.68亿元，人均GDP从6476元增长到44922元。

信阳市位于河南省的南部，114°01′E~11°06′E，31°46′N~31°52′N，是鄂豫皖三省的交通要道，也是江淮河汉之间重要的战略中心。信阳市南部地势高，北部地势低，属于岗川相间的阶梯状地貌，地形多样。西、南部为豫南山地，由桐柏山、大别山构成，周围由山脉包围，面积约7000平方千米，占城市总面积的36.9%。两山首尾相接，连成一体，蜿蜒于豫鄂边界，是江淮两大流域的分水岭。淮河流经信阳市北部，信阳绝大部分地区位于淮河以南，属亚热带向暖温带过渡地区，季风气候明显。信阳山清水秀，水田盈野，稻香鱼跃。信阳市地处淮河上游，而淮河的支流密集，水资源丰富，因此信阳市的人均水资源储量位居河南省前列。

信阳市处于京广城镇发展主轴、宁西城镇发展主轴、大广城镇发展副轴、淮固商城镇发展副轴。信阳是华夏文明的发祥地之一。现今的100个大姓汉姓中，起源于信阳的有13个，如黄、罗、蒋等姓氏出自或有一支源头于信阳，因此信阳市素有"中原侨乡"之称。信阳位于著名的大别山革命老区的核心区域，是"红军摇篮、将军故里"，也拥有全国著名的红色旅游景区。信阳是宜居宜业的生态绿城。信阳环境优美，气候宜人，被誉为"北国江南、江南北国"。信阳是国家主体功能区建设试点示范市，辖区内5个县区被纳入国家重点生态功能区，新县、浉河区入选国家全域旅游示范区，新县、光山县入选全国"绿水青山就是金山银山"实践创新基地。信阳是重要的交通枢纽。信阳承东启西、连南贯北，它半径范围300公里内有合肥、郑州、武汉三个国内省会和一线城市，是重要的区域性综合交通枢纽和现代物流枢纽。信阳市是淮河生态经济带三大核心城市，研究信阳市社会生态系统整体适应性循环过程有利于信阳市的未来发展；有利于信阳沿淮两岸限制粗放型企业发展，促进生态环境的改善；有利于信阳打造以淮河资源为依托的绿色产业发展，促进产业升级和经济转型；有利于改善沿淮居民生活环境，提高居民生活品质，为居民提供一个宜居宜业的良好氛围。

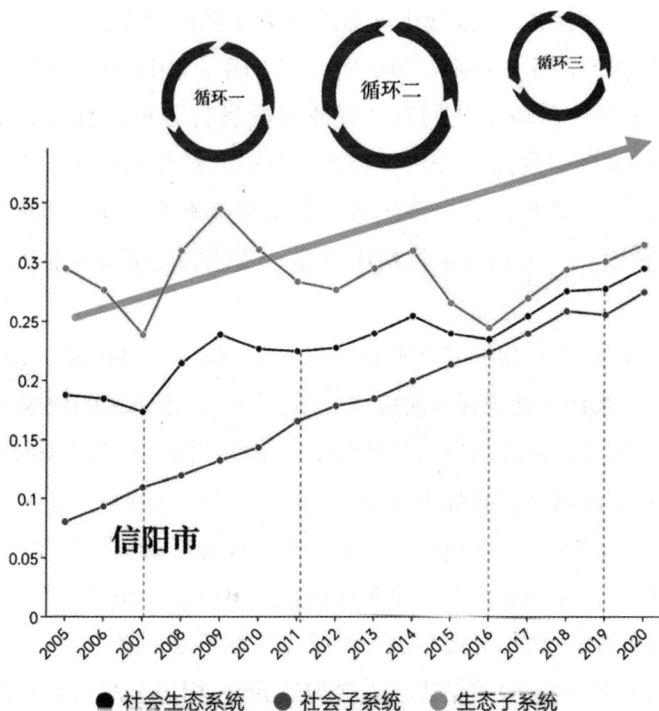

图9-5　信阳市社会生态系统适应性循环演进动态

从信阳市社会生态系统适应性循环演进动态中，我们可以看出，信阳市从2005—2020年期间，共经历三个循环。第一个循环阶段是2007—2011年，从快速增长阶段到释放阶段，其中2007—2009年社会子系统处于上升状态，生态子系统快速上升状态，此时信阳市处于快速增长阶段。2009—2011年期间，虽然社会子系统仍在不断保持向上发展，但在这个过程中，生态子系统却在迅速衰退，社会子系统的快速发展是在以牺牲生态子系统为代价的基础上进行的，此时整体社会生态系统适应性处于释放阶段。第二个循环阶段是

2011—2016年，其中2011—2014年，信阳市社会生态系统整体适应性处于上升状态，社会子系统处于上升状态，生态子系统开始回暖，不断上升，该阶段整体处于快速增长状态，2014—2016年，生态子系统又急剧下降，整体处于释放阶段。第三个循环阶段是2016—2019年，整个阶段生态子系统都处于上升状态，但2019年社会子系统出现下降状态。从2005—2020年期间，仅2019年出现下降状态，因此2018—2019年处于释放阶段。

从图中可以看出2006年、2007年、2010年、2011年、2015年、2016年、2019年处于释放阶段，我们对其释放阶段进行分析，找寻其主要影响因素，根据前文障碍度因子分析，对释放阶段的每年障碍因子进行分析，我们可以得出：从障碍因子出现次数和影响程度来看，主要以人均GDP指标为主，造林面积、人均卫生机构床位数、城镇居民可支配收入等响应性指标为辅。

从主要影响因子指标变化来看，信阳市2006年、2007年、2010年、2011年、2015年、2016年处于释放阶段主要是由于生态子系统的快速下降引起的，而2019年处于释放阶段的原因是社会子系统的下降所引起。具体分析生态子系统的快速下降原因，有如下几点：

（1）人口密度的不断增加，对生态子系统的压力不断增大。

（2）信阳市2015年之前，化肥使用量逐年增加，2015年之后才出现下降趋势，对耕地压力增加导致生态子系统适应性不断下降。

（3）2015年的空气质量优良天数为220天，相比于2014年的293天处于急速下降，表明大气污染严重。

（4）释放阶段的造林面积相比于其他阶段相对较小，对生态子系统的响应性较小，导致生态子系统的适应性降低。2019年相比于2018年社会子系统的下降主要原因是疫情的影响，致使人均粮食产量的下降和人均卫生床位数的紧张。

2007年7月，淮河发生了新中国成立以来仅次于1954年的第二位流域性大洪水，信阳市地处豫南山区淮河上游，地形复杂多样，过渡性气候明显，洪涝灾害十分严重，是淮河防洪的重要组成部分。信阳市遭受洪涝灾害严重，信阳市颁布了《信阳市人民政府办公室关于印发2007年信阳市灾区倒房重建工作方案的通知》，明确要妥善安排好灾区困难群众的基本生活，帮助

因灾倒房户重建住房，增强灾区群众抗灾能力，促进灾区社会稳定和经济发展。同时期随着人口密度的增加，化肥使用量大幅提升，环境污染指数提升，造林面积下降，是信阳市生态子系统适应性大幅下降的主要原因。针对环境污染指数提升等影响指标，信阳市2008年颁布施行《信阳市2008年度主要污染物总量减排实施》，从社会经济增长、城镇人口及能源消费等角度进行预测，制定污染物排放减排目标任务，对化学需氧量和二氧化硫进行针对性整改措施，通过调整产业结构、抓好污染物重点工程减排措施、抓好监督管理实施等措施减排。实现了信阳市生态子系统适应性转负为正，并达到了近20年来的峰值。

2009—2012年，信阳市发生旱情，致使植被覆盖归一化指数（NDVI）不断下降，而生活垃圾无害化处理率下降，使该阶段生态子系统出现下滑态势，人均粮食产量下降，社会子系统增速放缓，整体处于释放阶段。针对旱情，信阳市2010年颁布《信阳市2010年防汛抗旱工作方案》，对水旱进行针对性调整，最大限度地减轻水旱灾害损失。

2015年，信阳市空气质量直线下降，从2014年的293天下降为220天，环境污染指数上升，单位GDP能耗和单位GDP表观二氧化碳排放量上升，表明在2014—2015年时期内，污染物排放水平超标，致使大气环境下降，生态子系统大幅下降，信阳市进入释放阶段。同年，信阳多个县区持续暴雨，造成洪涝灾害，部分县区受灾较为严重。信阳市针对大气污染超标，防微杜渐，于2015年5月19日上午，河南省信阳市召开2015年大气、水污染防治工作会，集中攻坚和有效整治环境方面存在的突出问题，对信阳市大气和水污染防治工作进行再动员、再推进、再督导。同年，全国生态低碳城市发展经验交流会在信阳召开，围绕生态低碳城市发展与产业结构调整、土地合理利用、基础设施建设、投融资体制改革等方面展开探讨。通过一系列措施，使生态子系统开始恢复，进入新一轮的快速增长期。

信阳市在2016—2019年这第三个循环周期内，生态子系统一直稳步增长，但社会子系统在2019年出现了轻微下滑的状态，出现该情况的原因主要是由于2019年底疫情全面暴发引起的，使经济发展增速放缓，卫生机构床位数紧张等因素。

当前，信阳市社会生态系统适应性处于适应性循环演化动态的快速增长期，社会子系统与生态子系统都处于上升阶段，发展势头属于可持续健康发展，在未来发展过程中，在注重经济发展的同时也要注意保护生态，尤其要注重造林面积，使社会经济发展和生态保护相辅相成。

（二）蚌埠市

蚌埠市，别称珠城，安徽省辖地级市，地处安徽省东北部，淮河中游，地处中国南北地理分界线秦岭—淮河一线，黄淮海平原与江淮丘陵的过渡地带，它的北面是宿州市，南面与滁州市、淮南市接壤，东面与滁州市、宿迁市毗邻，西面与亳州市、淮北市相连。属北亚热带湿润季风气候与南温带半湿润季风气候区的过渡带，总面积5951平方千米。全市下辖4个区、3个县。截至2022年底，蚌埠市常住人口330.9万人。

蚌埠市位于安徽省的北部，116°45′E~116°04′E，32°43′N~33°30′N，城市东西最长距离32.3千米，南北最大跨度23.5千米。京沪铁路南北贯穿蚌埠地区，淮河由西向东流经蚌埠市南，蚌埠市辖区大部分位于淮北平原南部。区域面积5951平方千米。蚌埠市幅区位于江淮分水岭的末端，是黄淮海平原与江淮丘陵的过渡地区。蚌埠境内以平原居多，南部零星分布丘陵；地势由西北向东南倾斜，自然坡降约为万分之一。蚌埠市是北亚热带湿润季风与南温带半湿润季风气候的过渡地带，同时具有南北两种气候特征。此外蚌埠市的气候条件也很适宜，明显的季风气候使得其具有分明的四季，充足的光照和适中的雨量，而且无霜期较长，便于作物种植生长。

2005—2020年期间，蚌埠市GDP总量从311.33亿元增长到2082.73亿元，人均GDP从9465元增长到63209元。蚌埠市立于交通，起于商贸、兴于工业。安徽省第一辆自行车、第一块手表、第一台空气压缩机、第一台收音机……一张张名片，诠释着蚌埠昔日的工业荣光。早在20世纪80年代，蚌埠就有了完善的工业体系，工业总量稳居全省第二位，经济总量居全省前三。蚌埠作为一个老工业城市，研究其社会生态系统整体适应性对将蚌埠打造淮河生态经济带和皖北地区中心城市，推动"工业老城"向"产业名城"转变有借鉴意义。

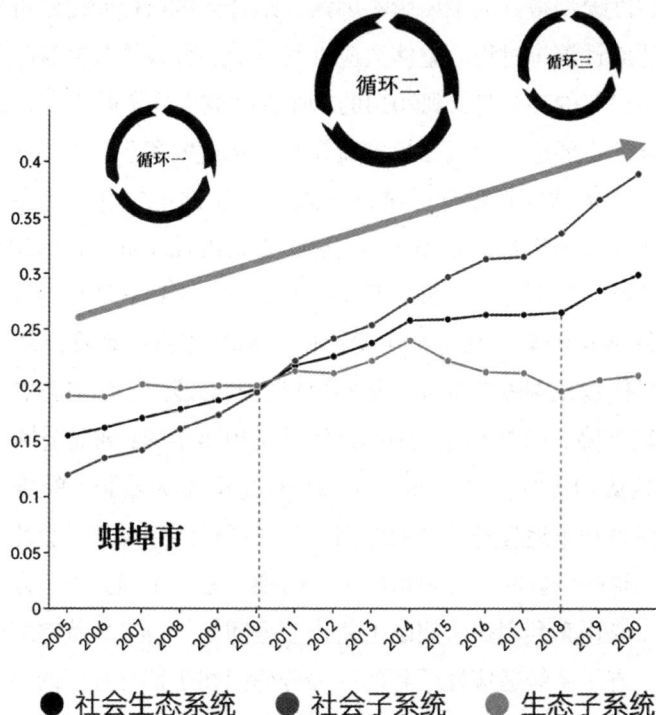

图9-6　蚌埠市社会生态系统适应性演进动态

从蚌埠市社会生态系统适应性演进动态来看，蚌埠市共经历了三个循环。蚌埠市自2005年始到2020年终，社会—生态系统、社会子系统、生态子系统基本处于正向发展，系统适应性稳定增长，增速适中波动较小，平均增速为4.5%。根据社会生态系统适应性增长速度将2005—2020年分为三个适应性循环阶段。第一个阶段为2005—2010年，第二个阶段为2010—2018年，第三个阶段为2018—2020年。第一个阶段主要以社会子系统的快速稳定增长，生态子系统稳定为主；第二个阶段以社会子系统的快速增长，生态子系统的稳定增长为主，但增速较缓；第三个阶段以社会子系统的快速增长，生态子系统缓慢下降为主，后逐渐回升。

从主要影响因子指标变化来看，蚌埠市2010年和2018年的主要影响因子为造林面积、人均GDP和城镇人均可支配收入。不同的是2010年包含人均卫生机构床位数，2018年为植被覆盖归一化指数（NDVI）。

　　根据障碍度模型得到的主要影响因素，结合具体指标变化分析蚌埠市社会生态系统适应性演进过程。整体适应性呈增长态势，植被覆盖归一化指数（NDVI）从2013年的74%增长到2014的79%，植被丰度不断扩大，2018年生态子系统下降的主要原因表现在植被覆盖归一化指数和造林面积的下降。

　　我们从上文的适应性循环分析结果来看，2010年之前，社会子系统和生态子系统增长势头不减，而2014年之后，开始出现波折，直到2018年，生态子系统才开始止住下滑的势头，开始回升。研究2014—2018年蚌埠市社会生态系统发展变化趋势，找寻其主要原因。从具体指标来看，从2014年开始，空气质量优良比例逐年下降，从2014年的284天降至2018年的228天，造林面积也逐渐下降，从2014年的10067公顷到2018年的1580.1公顷，植被覆盖归一化指数从79.1%降至72.2%，生态环境遭受重大威胁。蚌埠市主要受输入性大气污染和本地自身污染的原因，空气质量逐年降低。受北方重污染天气过境传输影响的同时，蚌埠市的工业污染、施工工地扬尘、道路洒水降尘频次不足、农用车利用执法间歇上路作业等问题，也是导致空气质量下降的原因。而生态子系统适应性下降的一部分原因在于部分地区的山林面积明显减少，导致生态环境恶化，而根据工作开展情况，对于造林的预算拨款减少，使对生态子系统响应能力不足，使生态子系统适应性逐年下降。2018年7月19日，蚌埠市全面推行林长制，而在林长制改革的推动下，蚌埠市造林合格面积2467公顷，占省下达计划任务的185%。2017年，蚌埠市颁布施行《2017年蚌埠市淮上区大气污染防治行动工作计划》，开展大气颗粒物污染防治精准监控，着力解决大气环境方面的突出问题，不断提高空气环境质量。通过对工业行业、城市扬尘、机动车污染、能源和产业结构调整、保障机制等五个方面进行综合整治，实现了2017年至2022年PM2.5和PM10浓度连续五年下降，空气质量明显好转，对其他城市具有借鉴意义。

　　当前，蚌埠市处于社会生态系统适应性循环演进过程的稳定守恒阶段，社会子系统上升，生态子系统缓慢上升或缓慢下降阶段，社会生态系统缓慢上升。蚌埠市长期以来呈稳定增长态势，但也可能存在下降态势，如2017年，社会生态系统整体适应性增速仅为0.1%，生态子系统经历三四年下降开始缓慢回升，蚌埠市2005—2020年社会生态系统的发展过程中，社会子系统和生态子系统处于低相关状态，但从部分时期来看，出现社会子系统的发展以生态子系统的下降为代价的问题。蚌埠市在发展的过程中要密切关注生态子系统，避免进入适应性演进过程的释放阶段，并不断提升生态子系统，进入下一个循环的快速增长期。

（三）淮安市

淮安市，简称"淮"，古称"淮阴""清江浦"，江苏省辖地级市，Ⅱ型大城市。位于江苏省中北部，江淮平原东部，地处长三角洲地区，是苏北重要中心城市，长三角北部现代化中心城市，南京都市圈成员城市，淮河生态经济带首提首推城市，坐落于古淮河与京杭大运河交点，处在中国南北分界线上，拥有中国第四大淡水湖洪泽湖。截至2023年，淮安市辖4区3县；占地面积10030平方千米。截至2022年末，常住人口455.31万人。

淮安市是全国文明城市、国家历史文化名城、国家卫生城市、国家园林城市、国家环境保护模范城市，为淮扬菜的主要发源地之一，被联合国教科文组织授予"世界美食之都"称号，也是江淮流域古文化发源地之一。

淮安市位于江苏省的北部中心地区，118°12′E~119°36′E，32°43′N~34°06′N，淮安市地形西高东低，除市境西南部的盱眙县有丘陵、岗地外，全市以平原为主，地势平坦。市位于国内暖温带与亚热带交界地带，兼具南北两种气候特征，通常苏北灌溉总渠以南属于北亚热带湿润季风气候，而以北属于北温带半湿润季风气候。此外淮安市也是一个具有典型的气候特征的地区，季风气候的影响使得淮安市具有分明的四季，集中的雨量和充足的光照，而且其气候条件适宜，雨热同季，冬冷夏热，春温多变，秋高气爽，热量富余。

2005—2020年期间，淮安市GDP总量从572.42亿元增长到4025.37亿元，人均GDP从11254元增长到87507元。淮安市的产业结构持续优化，实现了从传统制造业向高新技术产业的转型升级。农业发展水平较高，是国家重要的商品粮基地和农副产品生产基地，淮安市的粮食产量常年位居江苏省前列。淮安市的现代服务业发展迅速，金融、物流、文化旅游等产业蓬勃发展。特别是淮安市的旅游业，拥有丰富的历史文化资源，如周恩来故居、吴承恩故居等著名景点。研究其社会生态系统适应性循环过程，以期为其他城市转型发展提供借鉴意义。

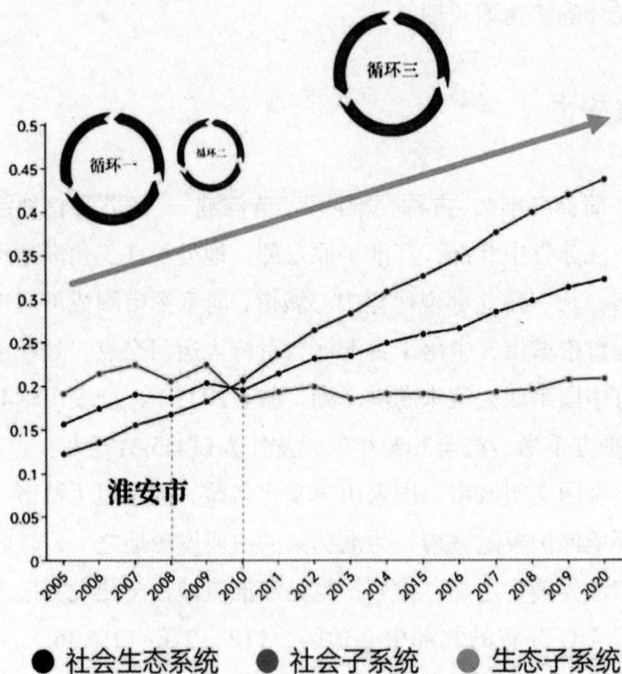

图9-7　淮安市社会生态系统适应性循环演进动态

从淮安市社会生态系统适应性循环演进过程中可以看出，淮安市在2005—2020年期间共经历两个循环且正在经历第三个循环。第一个循环周期是在2005—2008年，从快速增长到释放阶段，社会子系统和生态子系统均处于上升阶段，2008年社会子系统增幅放缓，生态子系统快速下降，处于释放阶段。第二个循环周期是2008—2010年，经历快速增长阶段后到释放阶段。当前正在经历第三个循环周期，社会子系统快速增长，生态子系统稳定波动。

从主要影响因子来看，排名前四的主要影响因子为造林面积、人均GDP、城镇人均可支配收入和人口密度。其中，主要影响生态子系统适应性的指标为造林面积和人口密度。从具体指标来看，淮安市人口密度逐年增长，仅2020年开始出现下降趋势，而2008年和2010年的化肥使用量同比

增长，对环境的压迫作用增大，同时造林面积同比减少，2008年造林面积为5025公顷，而2009年的造林面积为9055.66公顷，但2010年的造林面积仅2766公顷，对生态子系统的响应性降低，造成生态子系统的快速下降，淮安市社会生态系统整体处于释放阶段。

淮安市于2007年12月29日公布实施《江苏省淮安市人民政府办公室2008年度农村造林绿化工作的实施意见》，其中全市规划成片造林65万亩，使2008年造林面积上升，对生态子系统响应性能力提升。淮安市2010年1月21日出台的《关于2010年农村造林绿化工作的实施意见》对于2010年的造林目标为全市规划成片造林5万亩。相比于2008年，造林面积目标的下降也是导致生态子系统响应性不足的主要原因。

当前，淮安市社会生态系统正处于社会生态系统适应性循环演进过程的稳定守恒阶段。社会生态系统、社会子系统、生态子系统基本正向发展，系统适应性增速快、波动大。2005—2020年，淮安市社会子系统与生态子系统呈低负相关关系，社会子系统的发展往往伴随着生态子系统的下降，如2010年社会子系统快速增长，生态子系统快速下降。当前淮安市正处于飞速发展期，生态子系统在某个界限波动变化，但仍低于2007年的峰值，表明生态子系统仍具备快速增长的潜力。为使淮安市社会生态系统适应性快速增长，在社会子系统发展的同时也要着力于带动生态子系统的快速发展。

（四）徐州市

徐州市，简称"徐"，古称彭城，江苏省辖地级市、省域副中心城市，是江苏省重点规划建设的四个特大城市和三大都市圈之一徐州都市圈的中心城市，同时也是淮河经济区的核心城市，区位优势明显。截至2022年底，徐州市下辖5个市辖区、3个县，2个县级市，总面积11765平方千米，常住人口901.85万人。

徐州市地处江苏省西北部（116°22′E ～ 118°40′，E、33°43′，N~34°58′N），处于华北平原东南部、江苏西北部，地形以平原为主，地势低平，海拔在20—50米之间，丘陵岗地约占10%，为鲁中南低山丘陵向南延续部分。京杭大运河穿境而过，陇海铁路、京沪铁路两大干线在此交会，素有"五省通衢"之称。

2005—2020年期间，徐州市GDP总量从1236.66亿元增长到7319.99亿元，人均GDP从13697元增长到80673元。徐州市煤炭资源丰富，且与鲁南、皖北、豫东煤田相连，是全国重要的煤炭基地。但采煤活动在城市中形成大面积的塌陷地，割裂城市生态空间，威胁社会经济和生态系统的稳定性，徐州成为资源枯竭型城市的典型代表。由于过去长期缺乏统筹规划，资源枯竭型城市在发展过程中存在严峻的历史遗留问题，如城市转型发展内生动力不强、经济结构转型矛盾突出、生态环境遭受严重破坏、工人面临下岗失业、土地供需关系紧张等，严重影响到徐州市社会生态系统整体适应性。安徽的淮北市和山东的枣庄市也同属于资源枯竭型城市。因此，选择徐州作为研究对象，在淮河生态经济带范围内也具有一定的代表性。图9-8是徐州市从2005—2020年整体适应性循环过程。

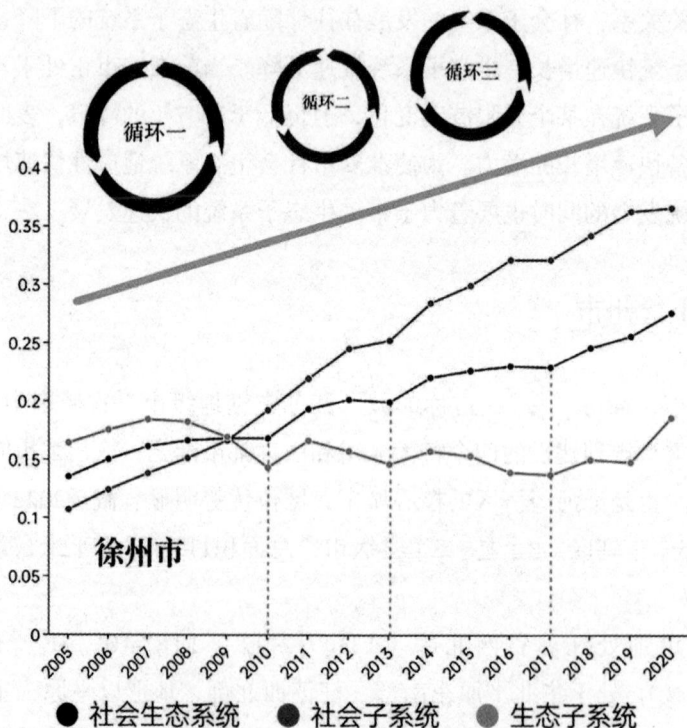

图9-8 徐州市社会生态系统适应性演进动态

从图9-8中可以看出，徐州市在2005—2020年期间共经历了三个循环，且正在经历第四个循环。第一个循环周期为2005—2010年，从快速增长阶段到释放阶段。2005—2010年期间，社会子系统快速增长，生态子系统先增长后快速下降。2010—2013年为第二个循环周期，2010—2011年，社会子系统和生态子系统快速增长，整体为快速增长阶段，后2011—2013年，社会子系统快速发展，生态子系统缓慢下降后转为快速下降，整体为释放阶段。第三个循环周期为2013—2017年，社会子系统发展势头不变，但与2017年增速相比近乎为零，生态子系统先上升后下降，整体经历从快速增长阶段到稳定守恒阶段到释放阶段。当前徐州市正在经历第四个循环阶段。

从主要影响因子来看。2010年、2013年和2017年的主要影响因素为造林面积、人均GDP、城镇人均可支配收入和人均粮食产量。从其具体指标来看，人口密度的逐年增长导致对生态环境的压力增加，2016年之后增速放缓，稳定在一个范围内。2010年生活垃圾无害化处理率仅有48.59%，污水处理厂集中处理率也只有72.43%，同比处于下降状态，化肥使用量也同比增加，对生态环境的适应性造成重大威胁。2013年和2017年空气质量优良比例较差，从2012年的328天降为192天，2016年的238天降为176天，大气污染较为严重。徐州市是一个典型的资源枯竭型城市，在发展的同时要注重空气质量。

从上文分析我们可以看出徐州市2010年生态子系统适应性的下降主要在于化肥使用量、二氧化碳排放量上升、环境污染增加等生态压力的上升。2010年，徐州市政府下发了《2010年度节能目标任务的通知》，强化目标责任考核，坚决落实"一票否决"和问责制，通过构建节能型产业体系、推进节能技术进步和提高能源利用效率实现节能减排。2017年社会子系统适应性增速放缓的原因主要在于失业率的上升和单位GDP表观二氧化碳的增加，徐州市公布实施了《徐州市政府关于做好当前和今后一段时期就业创业工作的实施意见》，提出要深入实施就业优先战略、促进以创业带动就业、扶持重点群体就业、支持就业新形态发展等针对性措施，实现失业率的下降，保证社会子系统适应性的稳定增长。

当前，徐州市社会生态系统正处于适应性循环演进过程的稳定守恒阶段，2020年社会子系统缓慢上升，生态子系统快速上升。从2005—2017年的三个循环过程，我们可以发现，徐州市的释放阶段都是伴随着生态子系统的快速下降。从上文的相关性分析结果可以看出，徐州市在发展过程中，社会子系统和生态子系统呈中度负相关关系。徐州市作为一个典型的资源枯竭型城市，在社会经济发展过程中造成对生态环境的负面影响。当前徐州市社会子系统发展放缓，生态子系统发展势头正猛，徐州市在发展过程中要在经济发展的同时注重生态的发展，根据之前的循环规律，徐州市可能在几年内经济发展迅速，但同时也伴随着生态子系统的进一轮下降，为使徐州市社会生态系统适应性健康可持续增长，要探寻维持生态子系统在健康范围内使社会子系统快速增长的路径。

三、城市社会生态系统分类

在上文对社会生态系统适应性的演进特征的分析基础上，对淮河生态经济带的各个城市进行分类，主要分为以下四类：第一类是稳定增长型，这一类的城市系统在发展过程中波动较小，起伏不大，表现出稳定增长的态势。第二类是波动增长型，这一类的城市系统比第一类发展速度要快，但相对来说波动也较大。第三类是不均衡发展型，这一类型的城市社会子系统发展速度比第一类和第二类城市的发展要快，但整个生态子系统的发展会有一定程度的退化。第四类是生态危机型，这一类型的城市生态子系统具有更显著的退化，其发展的波动性也更大，如表9-4所示。

表9-4　淮河生态经济带城市分类与特征

类别	包含城市	发展特征
稳定增长型	蚌埠市、漯河市、宿迁市、宿州市、泰州市、孝感市	社会生态系统、社会子系统、生态子系统基本处于正向发展，系统适应性稳定增长，增速适中
波动增长型	淮安市、淮北市、淮南市、连云港市、六安市、商丘市、信阳市、徐州市	社会生态系统、社会子系统、生态子系统基本正向发展，系统适应性增速快、波动大

类别	包含城市	发展特征
不均衡发展型	滁州市、菏泽市、南阳市、随州市、盐城市	社会生态系统、社会子系统正向发展；社会子系统与生态子系统发展不均衡，社会子系统适应性快速增长，生态子系统适应性轻微倒退
生态危机型	亳州市、阜阳市、济宁市、临沂市、平顶山市、扬州市、枣庄市、周口市、驻马店市	社会生态系统与社会子系统正向发展，生态子系统的适应性明显倒退，系统发展波动较大

第五节 淮河生态经济带社会生态系统适应性循环演进过程

一、淮河生态经济带社会子系统和生态子系统演进评价

从总体上来看，淮河生态经济带社会子系统的适应性演进过程呈现出不断递增的态势，在整个过程中，上升期达到100%，其中增速在10%以上的阶段达到了33%。表明在2005年至2020年期间，淮河生态经济带的城市建设与经济发展在社会子系统中起着举足轻重的作用，对社会子系统的影响较大。淮河生态经济带社会子系统适应性增长速度在2017年有所减缓，只有1.45%，这是因为压力层指标中的单位国内生产总值（GDP）的能耗有所上升，响应层指标的科教投入占比增速仅有0.7%，人均卫生机构床位数有所下降所引起的社会子系统增幅放缓。

淮河生态经济带生态子系统适应性演进动态呈现波动性，上升期所占比重为67%，增速3%的阶段只有13.3%，增长速度较慢。研究分析结果显示，

在2005—2020年间，淮河生态经济带内的城市建设和经济发展对区域内的生态子系统造成了较多消极影响。2014—2016年为仅有的一次生态子系统适应性连续衰退期，在这一时期，淮河生态经济带内的人口压力增加，对生态环境压迫力增加，气候适宜度降低，空气污染风险显著提升，造林面积大幅下降，对生态子系统的响应能力不足，导致生态子系统适应性连续下滑。

表9-5　部分关键指标变化（2014—2016年）

	人口密度（人/平方公里）	气候适宜度（℃）	空气质量良好或优良天数比例（%）	造林面积（公顷）
2014年	683.36	71.54	68.9%	12024.75
2016年	699.53	78.48	64.8%	11029.40
变化量	16.17	6.94	-4.1%	-995.35

注：气候适宜度指标得分越高表示适宜度越低

人口密度的增加和造林面积的减少是造成该阶段淮河生态经济带生态子系统适应性下滑的主要原因。通过对上文淮河生态经济带2005年至2020年28个地级市的社会子系统和生态子系统的得分进行相关性分析后，对淮河生态经济带社会子系统和生态子系统进行分析，得出二者相关系数为-0.045，表明从淮河生态经济带整体来讲，社会子系统和生态子系统呈基本不相关关系，但从上文具体分析来看，部分城市在发展过程中，社会子系统和生态子系统呈中度负相关，社会和生态两个子系统发展过程不协调。

二、淮河生态经济带社会生态系统适应性阶段识别结果

如表9-6所示，在快速增长阶段，淮河生态经济带社会生态系统的压力、状态和响应指标的分值增长率均达到最大值，而生态子系统压力分值增长缓慢，接近平缓，得分几乎保持不变，说明在该阶段其压力层适应性增长

速度减缓，压力增加。在稳定守恒阶段，淮河生态经济带社会生态系统的压力、状态和响应层的适应性增长速率有所减缓，在该阶段生态子系统的压力层适应性呈现下滑趋势，压力增加。在释放阶段，淮河生态经济带社会生态系统整体增速进一步放缓，其压力层和状态层增速处于最低状态，同时响应层出现下滑状态。该阶段社会子系统压力层出现下滑，响应层和状态层增速进一步放缓；生态子系统出现全方位衰退，压力、状态、响应层均出现下滑状态，此时的系统处于极不稳定的状态。当淮河生态经济带处于重组阶段时，其社会生态系统整体压力减小，状态和响应层均重回上升趋势，但社会子系统的压力层和生态子系统的状态层仍受释放阶段的影响，出现下滑趋势。

表9-6 淮河生态经济带社会生态适应性分维度得分变化率均值

	社会子系统			生态子系统			社会生态系统		
	P	S	R	P	S	R	P	S	R
快速增长	0.0658	0.1309	0.2130	0.0001	0.0621	0.2593	0.0656	0.0965	0.2361
稳定守恒	0.0168	0.0781	0.1052	−0.0002	0.0043	0.0696	0.0389	0.0412	0.0874
释放	−0.0078	0.0688	0.0833	−0.0152	−0.0437	−0.1534	0.0268	0.01258	−0.0351
重组	−0.0082	0.0541	0.0821	0.0079	−0.0096	0.0019	0.0311	0.0223	0.0420

从淮河生态经济带整体来看，自2005年至2020年，淮河生态经济带整体呈上升趋势，仅2010年出现下降趋势。这表明在近16年来，淮河生态经济带总体发展态势良好，社会生态系统的交互适应能力在循环往复中不断增强，但在未来发展过程中，随着国家与地方政府对生态环境保护和土地利用治理工作的关注，其生态子系统适应性仍有提高的空间。在各个子系统方面，社会子系统整体呈上升趋势，但生态子系统在2010年、2012年、2015年、2016年和2018年呈现下降趋势，主要是由于社会子系统在发展过程中对生态环境产生了消极效应，而一旦生态环境发生恶化，它就会对整个淮河生态经济带社会生态系统适应性造成严重冲击。

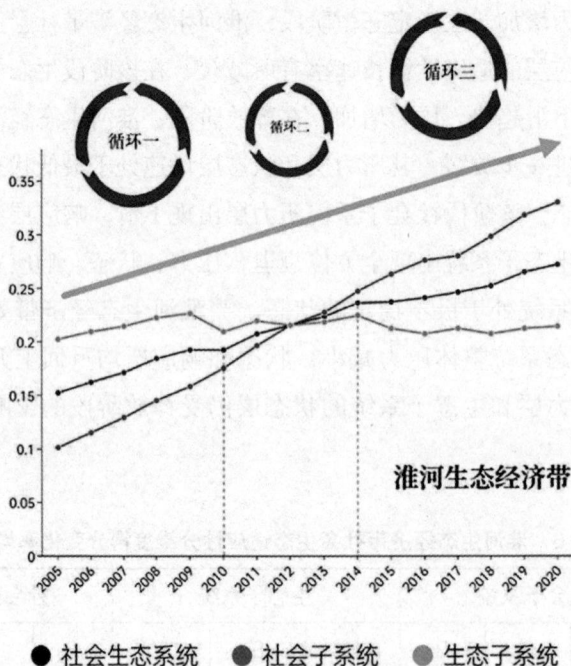

图9-9　淮河生态经济带社会生态系统适应性动态演进

　　从图9-9中可以看出，淮河生态经济带社会生态系统适应性演进动态共经历了三个循环周期。第一个周期是在2005—2010年，在该阶段内，社会子系统发展迅速，生态子系统在前期也呈发展趋势，人均GDP和城镇化率快速发展，人口密度不断增加，淮河生态经济带遭受的风险压力累加，但系统响应能力不足，而2010年社会生态系统出现轻微下滑趋势，降幅仅0.24%，社会子系统呈快速上升态势，而生态子系统呈快速下降态势。该阶段区域发展不平衡，淮河生态经济带协调性、持续性较低，多种因素叠加致使出现了2009—2010年的释放阶段。淮河生态经济带的第二个周期开始于2010年，2010—2011年，社会子系统保持快速上升的势头，生态子系统缓慢上升，淮河生态经济带社会生态系统逐渐回升，并以一个新的发展速度向上发展。而后社会子系统增长势头不变，生态子系统在某一界线波动变化，该循环周期以社会子系统的快速发展和生态子系统的波动变化为特征，使得淮河生态经济带社会生态系统适应性稳步增长。第三个周期从2014—2020年，该阶段社

会生态系统发展势头放缓，仅有2019年增速超过5%，该阶段社会子系统总体上呈现较为平稳的增长态势，而社会子系统所承受的压力在增大，进而会影响城市的各产业发展。各城市产业多样化指数逐步提高，产业结构得到优化。该循环周期以社会子系统增速放缓，生态子系统波动下降为特征，使淮河生态经济带社会生态系统适应性增长速度放缓。

当前淮河生态经济带正在经历第三个循环周期，且按照上文分析的循环周期的规律，淮河生态经济带即将进入释放阶段，社会子系统和生态子系统适应性会出现下滑。2019—2020年，社会子系统和生态子系统适应性同比增幅减少，2019年，新冠疫情在全国暴发，受疫情冲击，社会子系统和生态子系统出现较大波动，淮河生态经济带发展速度下降甚至可能会出现倒退。疫情过后，要分析当前所处的循环周期，努力避免淮河生态经济带发展进入释放阶段，在为社会子系统发展提速增效的同时，注重提升生态子系统发展，使淮河生态经济带转入发展的快车道，进入快速增长阶段，进入健康可持续发展的绿色之路。

第六节　本章小结

本章首先通过对适应性循环的属性以及属性的特征进行了论述，然后对淮河经济带社会生态系统及其子系统的适应性循环阶段进行了识别，并从城市尺度对淮河生态经济带社会生态系统适应性循环演进过程进行分析，识别其适应性循环演进阶段，根据发展特征对淮河生态经济带范围城市进行分类，最后对淮河生态经济带整体的适应性进行评价，得出以下结论：

通过对淮河生态经济带社会生态系统交互适应循环阶段分析，在16年间，淮河生态经济带中的28个城市的社会子系统适应性总体上表现为上升的趋势，但其中也有少数城市的社会子系统适应性呈现缓慢下降的态势，如亳州市、宿州市、枣庄市、驻马店市和淮安市。淮河生态经济带中的28个城市的生态子系统适应性指数在16年间波动较大。

通过对淮河生态经济带社会生态系统交互适应循环整体进行分析，淮河生态经济带整体社会子系统适应性的动态演进表现出全阶段上升的态势，其中33%的阶段增速超过10%。在2005—2020年区间内，城市建设和经济发展是两个重要因素，直接关系到整个区域的社会子系统，对子系统具有较大的影响。在淮河生态经济带区域内，生态子系统适应性的动态演化过程具有波动性，上升阶段占比67%，仅13.3%的阶段增速3%，增速缓慢。当前淮河生态经济带正在经历第三个循环周期，且按照循环周期规律，淮河生态经济带即将进入释放阶段，社会子系统和生态子系统适应性会出现下滑。

第十章 淮河生态经济带社会生态系统适应性治理

本书基于对淮河生态经济带社会生态系统耦合协调研究、系统有序性研究、系统韧性研究以及系统适应性研究，从影响因素着手，致力于提升淮河生态经济带社会生态系统耦合协调发展、提升系统有序性、系统韧性和系统适应性，从而增强淮河生态经济带社会生态系统适应性治理能力，社会生态系统适应性治理应从这几个方面进行：

（1）发挥各地区的资源禀赋优势，充分合理地利用自然资源。要从实际出发，充分利用各地区的自然资源，提高对外开放程度，利用资源来吸引外资前来发展，打造产业供应链，促进当地产业发展，这样不仅能够提高当地经济，还能够带动地方就业，促进人才回流；另外，地方政府也要合理利用自然资源，不能以牺牲环境代价来发展经济，利用自然资源的同时要注重对于环境的保护，真正达到社会、经济与生态三者之间协调发展。

（2）加大环保投入，增强人们的环保意识，并制定合理的环保法规。要加大环境监测力度，以便了解环境污染情况，将环境信息公开，使大众能够参与进来，提高人们对于环境保护事业的认识和参与度，制定科学合理的环境保护计划；鼓励低能耗，低污染的企业发展，优化当地的产业结构，促进产业绿色发展；加强环境立法与执法，加强环境保护的宣传与教育，提高环境保护的法治化水平，营造良好的环保氛围，引导人们养成环保的习惯和行为。

（3）加强教育投资，提升教育水平，营造良好的教育氛围。加强对教育事业的财政投入，引进高水平教育人才，合理优化教育资源配置，促进当地教育行业高质量发展；要格外注重人才的培养，培养出大批经济、环保等各行各业的高素质人才，促进当地经济、产业蓬勃发展；加强教育人们可持续发展的意识，培养人们的可持续发展理念，养成人们低碳生活、绿色消费的习惯，从而促进社会、经济与生态的协调发展。

（4）打造绿色生态廊道，促进人与自然和谐共生。绿色生态廊道是一种重要的生态建设方式，旨在促进人与自然的和谐共生。它通过连接不同的生态系统，创造了一个连续的、可持续发展的生物多样性走廊，为野生动植物提供了栖息地，促进了它们的迁徙和繁殖。同时，绿色生态廊道也为人类提供了生态服务，如保护水源、调节气候、净化空气等。为了打造绿色生态廊道，建设沿淮生态屏障，需要考虑以下几点：

①生态规划：进行科学规划，选择合适的区域来建设绿色生态廊道（如江苏大丰麋鹿国家级自然保护区、盐城湿地珍禽国家级自然保护区、苏北沿海重要渔业水域等）。需要注意保护重要的生态系统，如湿地、森林等，确保其完整性。

②生物多样性保护：在绿色生态廊道中，要注重保护和恢复生物多样性。采取措施保护珍稀濒危物种，提供适宜的栖息环境，以吸引更多的野生动植物。

③生态连通：确保绿色生态廊道的连通性，使动植物能够顺利迁徙和交流。可以通过建设过街天桥、隧道、通道等方式实现生态连通。

④植被恢复：在绿色生态廊道中进行合理的植被恢复工作，选择本土植物，营造适宜的生境条件，提供足够的食物和栖息地。

⑤社区参与：鼓励社区居民参与绿色生态廊道的建设和保护工作，加强宣传教育，提高公众对生态环境的认识和意识。

绿色生态廊道的建设有助于改善生态环境，促进人与自然的和谐共生。它不仅给野生动植物提供了良好的生态条件，还为人类创造了美丽宜人的自然景观，增加了人们对自然的认知和体验。我们应该积极支持和推动淮河生

态经济带绿色生态廊道的建设，实现社会生态系统的有序健康发展。

（5）推进产业转型升级，加快构建现代化产业体系。需要做到以下几点

①制定战略规划：制定产业发展战略规划，明确发展目标和路径。根据国家发展需要和市场需求，结合地区优势，确定重点发展领域，提出相应的政策支持和措施。

②投资研发创新：加大对科技创新的投入，推动技术研发和成果转化。鼓励企业增加研发投入，提高核心技术自主创新能力，培育壮大创新型企业。

③优化产业结构：淘汰落后产能，调整产业结构，推动传统产业向高附加值、低碳环保的方向进行转型。同时，培育新兴产业和战略性新兴产业，推动创新驱动发展。例如，鼓励企业跨区域兼并或重组，对淮河生态经济带的传统优势产业，如食品、纺织、冶金、化工、煤电、机械、轻工、建材等进行智能化、绿色化的改造升级等。

④加强人才培养：注重人才培养和引进，提高人力资源质量和水平。加强技能培训，提升劳动者的综合素质和就业能力，为产业转型升级提供人才支持。

⑤加强政策引导：制定相关产业政策，提供税收优惠、财政支持等激励措施，引导企业加大转型升级的步伐。建立健全产业扶持基金和风险投资机制，支持创新创业。

⑥加强国际合作：积极参与国际合作，吸引外资、引进先进技术和管理经验。与其他国家开展产业合作，促进技术交流和产业链协同发展。

在联手推进产业转型升级和构建现代化产业体系的基础上，还可以突破区域间的行政分割，把沿淮河生态经济带的各城市的创新资源进行集中整合，在重点行业领域，如新能源、新材料、生态环保、生物科技、装备制造等，不断提高产业竞争力和创新能力，实现经济结构调整和可持续发展。

（6）统筹城乡发展，推动城乡融合向纵深发展。统筹城乡发展，推动城乡融合向纵深发展是促进社会经济协调发展、缩小城乡差距的重要任务。为了改善信阳、驻马店、桐柏、六安这些拥有较多贫困人口的城市，可以通过积极投入资金，构筑起一条横贯城市的高效的交通系统，建设先进的防洪、抗旱和水利工程等。同时，积极支持苏北、皖北、大别山、沂蒙山的革

命斗争旧址和贫困村，促进新能源和太阳能的可持续经济发展。通过强化区域特色，积极开展产业扶贫，加快落实重点区县的精准帮扶，着眼于石梁河库区、黄墩湖滞洪区、苏北西南岗、成子湖附近、灌溉总渠北侧、丰县湖西片、涟沭结合区、刘老庄等重要区域，着力打造具有区位特色的生态农业、城市建设、乡村休闲、电子商务、创新型企业，助力当地经济社会可持续健康发展。为了更好地促进城乡融合，应该努力打造绿色宜居的环境，并且完善相应的制度、机制、政策，让政府更好地发挥作用，让市场更有效地控制资源的分布，促进工业与农业的有效结合，促进城市的均衡发展，最终达到工业与农业、城镇与村庄的协调的目标。

（7）促进基本公共服务建设共建共享，全面提升经济带基本公共服务均等化水平。一方面，加快完善现代教育和医疗等公共服务体系，全面提高教育和医疗质量，推进多种形式的合作。为了更好地满足人民的健康需求，应当重点改变现有的医疗卫生机构的布局，鼓励更多的医疗资源在不同地区的交叉使用，以及更好地发展现代的教育体系。另一方面，完善社会治理体制，共同打造健康淮河。为了全面提升淮河经济带基本公共服务均等化水平，要努力将社会治理的范围扩展到更多的地方，完善基础的公共服务体系，增强对食物、医疗器械的监督，在各地建立食品、医疗器械的检测、分析、评估等机构，以及实施有效的技术支持，以确保食物、医疗器械的质量。为了更好地满足居民的需求，要不断改革和优化人口服务与管理体系，以便更好地实现人口的有序流通、合理配比及社区融入。此外，还需要增强各方面的沟通与配合，以确保在紧急情况下的及时响应。要构建完善的社会治安综合治理与打防管控联动机制，不断推动由传统的单个城市的社会治理向流域协同的治理方式转变发展。

第十一章　结论与启示

第一节　结论

本书通过对淮河生态经济带社会生态系统进行研究，系统分析了社会生态系统耦合协调发展，社会生态系统有序性，社会生态系统韧性，社会生态系统适应性各个方面，分别构建了社会生态系统耦合协调发展，有序性，韧性和适应性评价指标体系，对淮河经济带社会生态系统的现状进行评价，并对其背后存在的原因进行了深入剖析，主要得出以下结论：

淮河经济带地级市的社会生态系统都处于协调状态，但其中一些地区的耦合协调等级较低，尚处于磨合阶段，还需要进一步调节，使其能够协调发展；从时间上来看，各地区的社会生态耦合协调度都得到了提高，但要社会生态系统耦合情况达到优质协调阶段仍需较长时间；通过分析得出自然资源驱动、环保驱动以及教育驱动是促进社会生态系统耦合协调的重要手段。另外，对于不同的年份，各个影响因素对淮河经济带社会生态系统耦合协调的影响力大小也存在着一定的差异，并且具备了明显的时空异质性特征。

淮河生态经济带社会生态系统内部结构有序性呈现阶段性特征，并且淮河生态经济带社会生态系统运行呈现有序化趋势，表现出"从无序走向有序，从低级有序走向高级有序"的规律性；另外，淮河生态经济带社会生态系统的内部结构及运行有待进一步优化，虽然淮河生态经济带社会生态系统的内部结构与运行均呈现出有序的趋势，但其有序水平有待进一步提高。淮河生态经济带各省市应针对其中亟待解决的问题集中力量补齐经济落后的短板，推进一二三产业深度融合，加强技术创新，推动区域互联互通，实现经济生态平衡的高质量发展，促进淮河生态经济带社会生态系统有序健康发展。

通过分析基于PSR模型的社会生态系统韧性评价指标体系，可知在压力系统韧性方面，淮河生态经济带的压力韧性得分在逐年小幅度减少，这表明淮河生态经济带所受压力逐渐增大；在状态韧性方面，淮河生态经济带的状态韧性得分也在逐年小幅度减少，淮河生态经济带在受到冲击后凭借自身属性承受冲击的能力在降低；在响应韧性方面，淮河生态经济带的响应能力在变强，当系统受到冲击时采取的措施都会得到良好的效果以保证社会生态系统的稳定。另外，通过影响因素分析得出，解释力最强的类别是响应影响因素，其中人工造林面积和生物多样性处于较高的水平；解释力次之的是状态影响因素，其中节能环保支出、第三产业总产值、第一产业总产值、第二产业总产值处于状态韧性指标的前排位置；解释力相对而言最弱的是压力影响因素。

通过淮河生态经济带社会生态系统适应性动态演进分析可知，淮河生态经济带社会生态系统适应性整体呈上升趋势，增幅相对稳定。社会子系统呈直线上升趋势，但上升幅度呈递减态势。生态子系统适应性呈波动上升趋势并逐渐趋于稳定。淮河生态经济带适应性指数整体呈"中间低，四周高"的空间分布格局，东部海江河湖联动区适应性指数同期处于领先状态，其次为中西部内陆崛起区，最后是北部淮海经济区。

通过对淮河生态经济带社会生态系统适应性的障碍因子进行探究，表明2005—2020年出现频率高且排名靠前的障碍因素中均包含造林面积、人均GDP、城镇居民可支配收入、人均卫生机构床位数和人口密度。但在不同年份出现的频次以及影响程度不相一致。2005—2020年出现频率较高且排名靠前的障碍因素中，造林面积持续排名第一，保持稳定。各年适应性障碍因子均包括压力、状态、响应三个维度层，适应性空间分异与状态层维度重合度

较高，表明状态层维度已经成为制约社会生态系统适应性的主要障碍因素。

通过对淮河生态经济带社会生态系统交互适应循环阶段分析可知，淮河生态经济带中的28个城市的社会子系统适应性在16年间基本呈上升趋势，少部分城市的社会子系统适应性存在缓慢下降的现象，如亳州市、宿州市、枣庄市、驻马店市和淮安市。淮河生态经济带中的28个城市的生态子系统适应性指数在16年间波动较大。

通过对淮河生态经济带社会生态系统整体交互适应循环阶段分析可知，淮河生态经济带整体社会子系统适应性的动态演进表现出全阶段上升的态势，其中33%的阶段增速超过10%。在2005—2020年区间内，城市建设和经济发展对整个区域的社会子系统影响较大。淮河生态经济带生态子系统适应性动态演进表现出波动的特征，上升阶段占比67%，仅13.3%的阶段增速3%，增速缓慢。当前淮河生态经济带正在经历第三个循环周期，且按照循环周期规律，淮河生态经济带即将进入释放阶段，社会子系统和生态子系统适应性会出现下滑。

第二节　启示

社会生态系统是一个复杂的人地系统，影响因素众多且作用形成机制复杂，其适应性探究与定量评价相对困难，本书将淮河生态经济带各市社会发展现状与生态环境相结合，运用社会生态系统分析框架对淮河生态经济带社会生态系统的耦合过程、发展状态、有序性演变过程、韧性演变过程以及适应性的动态演进进行研究，为提高淮河生态经济带稳定性，增强该地区社会生态系统适应性治理能力提出对策，以期研究对于淮河生态经济带发展可以提供一定的借鉴，在研究过程中也给我们带来一些启示：

（1）构建评价指标体系要系统、全面，能准确反映社会生态系统的发展现状，保障评价的准确性。本书构建了淮河生态经济带社会生态系统耦合发展、状态量化、有序性、韧性以及适应性评价指标体系，在构建适应性评价指标体系时指标选取存在一定的困难。在指标的选取过程中，由于指标数据时间跨度较大，资料数据获取相对困难，部分典型代表性的指标只能选取较接近的指标进行替代，这对评价结果的精准度有一定影响。另外，研究指标体系的构建也要涉及大量的统计资料，因此也会存在数据误差的现象。

（2）未来研究社会生态系统适应性治理可以缩小研究尺度，从县域尺度进行研究。本书研究是基于地级市尺度来研究淮河生态经济带社会生态系统，但地级市内部同样也存在着自然禀赋和社会发展状态的不同特征，不同县域社会生态系统发展状况也不尽相同，因此从县域尺度来研究社会生态系统更为科学，作为区域研究尺度的最基本单元——县域尺度通常兼具宏、微观的因素，而以地级市作为研究尺度相对较宏观。以淮河生态经济带县级为研究对象，将研究尺度进一步缩小，更能深入发现其驱动因子和适应性发展规律，充分表现外来影响下的内部反馈作用，对淮河生态经济带的可持续发展更具有现实意义和实践意义。

参考文献

[1]《淮河生态经济带发展规划》获国务院批复[J].现代城市研究，2018（11）：131.

[2] Hardin G. Extensions of "The Tragedy of the Commons" [J]. *Science*, 1998，280（5364）：682–683.

[3] 程静，王鹏，陈红翔，等.半干旱区生态风险时空演变及其影响因素的地理探测——以宁夏盐池县为例[J].干旱区地理，2022，45（05）：1637–1648.

[4] Holling C. S. Resilience and Stability of Ecological Systems[J]. *Annual Review of Ecology and Systematics*, 1973,4（1）：1–23.

[5] Holling C. S. Understanding the Complexity of Economic, Ecological, and Social Systems[J]. *Ecosystems*, 2001,4（5）：390–405.

[6] Cumming G., Cumming D., Redman C. Scale Mismatches in Social-Ecological Systems：Causes, Consequences, and Solutions[J]. *Ecology and Society*, 2006（1）：11.

[7] 宋爽，王帅，傅伯杰，等.社会—生态系统适应性治理研究进展与展望[J].地理学报，2019，74（11）：2401–2410.

[8] Ostrom E. A General Framework for Analyzing Sustainability of Social-Ecological Systems[J]. *Science*, 2009, 325（5939）：419–422.

[9] Hatt Ken. Social Attractors: A Proposal to Enhance esilience Thinking about the Social[J]. *Society and Natural Resources*, 2013（26）.

[10] 苏飞，莫潇杭，童磊，等.旅游地社会—生态系统适应性研究进展[J].地理科学，2020，40（02）：280-288.

[11] 王群，陆林，杨兴柱.千岛湖旅游地社会—生态系统适应性循环过程及机制分析[J].经济地理，2016，36（06）：185-194.

[12] 余中元，李波，张新时.全域旅游发展背景下旅游用地概念及分类——社会生态系统视角[J].生态学报，2019，39（07）：2331-2342.

[13] Adrianto L, Kurniawan F, Romadhon A, et al. Assessing social-ecological system carrying capacity for urban small island tourism: The case of Tidung Islands, Jakarta Capital Province, Indonesia[J]. *Ocean & Coastal Management*, 2021,（212）: 105844.

[14] 张婷，陈美球.社会生态系统框架下超占宅基地退出对农村集体行动能力的影响——基于江西省294份村庄数据的实证[J].中国土地科学，2023，37（12）：45-55.

[15] 刘志敏，叶超.社会—生态韧性视角下城乡治理的逻辑框架[J].地理科学进展，2021，40（01）：95-103.

[16] Deslatte A, Szmigiel-Rawska K, Tavares A F, et al. Land use institutions and social-ecological systems: A spatial analysis of local landscape changes in Poland[J]. *Land Use Policy*, 2022,（114）: 105937.

[17] 曹玉栋，李哲敏，岳广兴，等.宅基地集体所有权行使主体运行模式的机制、困境与选择——基于制度改革情景下的社会生态系统框架[J].农业经济问题，2023（07）：13-28.

[18] 蔡晶晶，吴希.乡村旅游对农户生计脆弱性影响评价——基于社会—生态耦合分析视角[J].农业现代化研究，2018，39（04）：654-664.

[19] Chaffin B, Garmestani A, Gunderson L, et al. Transformative Environmental Governance[J]. *Annual Review of Environment and Resources*, 2016（41）: 399-423.

[20] 蔡晶晶，毛寿龙.复杂"社会—生态系统"的适应性治理：扩展集体林权制度改革的视野[J].农业经济问题，2011，32（06）：82-88.

[21] 范冬萍，何德贵.基于CAS理论的社会生态系统适应性治理进路分析[J].学术研究，2018（12）：6-11.

[22] 侯彩霞，周立华，文岩，等.生态政策下草原社会-生态系统恢复力评价——以宁夏盐池县为例[J].中国人口·资源与环境，2018，28（08）：117-126.

[23] 任国平，刘黎明，李洪庆，等.基于改进熵权DEA-TOPSIS模型的乡村国土综合整治格局优化[J].地球信息科学学报，2022，24（02）：280-298.

[24] Reggiani A, De Graaff T, Nijkamp P. Resilience: an evolutionary approach to spatial economic systems[J]. *Networks and Spatial Economics*, 2002（2）: 211-229.

[25] Cinner J E, Barnes M L. Social dimensions of resilience in social-ecological systems[J]. *One Earth*, 2019, 1（1）: 51-56.

[26] Sterk M, van de Leemput I A, Peeters E T H M. How to conceptualize and operationalize resilience in socio-ecological systems?[J]. *Current opinion in environmental sustainability*, 2017（28）: 108-113.

[27] Mallick M, Singh P K, Pandey R. Harvesting resilience: Tribal home-gardens as socio-ecological solutions for climate change adaptation and sustainable development in a protected area[J]. *Journal of Cleaner Production*, 2024（20）: 141174.

[28] Wang T, Yang Z, Han F, et al. Assessment of tourism socio-ecological system resilience in arid areas: A case study of Xinnjiang, China[J]. *Ecological Indicators*, 2024（159）: 111748.

[29] Liu R, Zhang L, Tang Y, et al. Understanding and evaluating the resilience of rural human settlements with a social-ecological system framework: The case of Chongqing Municipality, China[J]. *Land Use Policy*, 2024（136）: 106966.

[30] Qiao D, Yuan W, Li H. Regulation and resilience: Panarchy analysis in forest socio-ecosystem of Northeast National Forest Region, China[J]. *Journal of Environmental Management*, 2024（353）: 120295.

[31] Ochs C, Kleiss B A, Killgore K J. *Resilience of ecosystem services of a large river-floodplain complex*：*The Lower Mississippi River system*[M]// Resilience and Riverine Landscapes. Elsevier, 2024：247–268.

[32] 刘晖，韩旭龙，申红等.基于社会生态系统的延边城市韧性评价[J]. 延边大学农学学报，2020，42（01）：90–97+106.

[33] 孙阳，姚士谋. 基于社会生态系统视角的长三角地区地级城市韧性度评价[C]//中国城市科学研究会，郑州市人民政府，河南省自然资源厅，河南省住房和城乡建设厅.2019城市发展与规划论文集.[出版者不详]，2019：9.

[34] 岳俞余，高璟.基于社会生态系统视角的乡村聚落韧性评价——以河南省汤阴县为例[J].小城镇建设，2019，37（01）：5–14.

[35] 孟海星.社会—生态系统视角下的社区韧性提升[J].上海文化，2022（08）：26–31.

[36] 宋永永，庞先峰，唐宇等.能源富集区社会—生态系统韧性演化与机理——以榆林市为例[J].经济地理，2024，44（01）：32–44.

[37] 杜钟婧，丁正山，穆学青等.旅游地社会—生态系统韧性的时空跃迁特征与驱动因素——以长三角城市群为例[J].地理与地理信息科学，2023，39（06）：115–124+133.

[38] Kaplan-Hallam M, Bennett N J, Satterfield T. Catching sea cucumber fever in coastal communities：Conceptualizing the impacts of shocks versus trends on social-ecological systems[J]. *Global Environmental Change*, 2017（45）：89–98.

[39] Timmerman P. Vulnerability, Resilience and the Collapse of Society[J]. *International Journal of Climatology*, 1981（1）：396.

[40] Soares D, Murillo-Licea D, Romero R, et al. Amenazas y vulnerabilidades：las dos caras de los desastres en Celestn, Yucatn[J]. *Desacatos*, 2014（26）：159–177.

[41] 陆晴，廖佳婧，胡慧敏.基于SRP模型的红壤丘陵区生态脆弱性评价——以江西省赣南地区为例[J].上海国土资源，2023，44（03）：100–105.

[42] 余中元，李波，张新时.湖泊流域社会生态系统脆弱性时空演变及

调控研究——以滇池为例[J].人文地理，2015，30（02）：110-116.

[43] 牛文元.生态环境脆弱带ECOTONE的基础判定[J].生态学报，1989（02）：97-105.

[44] 苑全治，吴绍洪，戴尔阜，等.过去50年气候变化下中国潜在植被NPP的脆弱性评价[J].地理学报，2016，71（05）：797-806.

[45] 张钦，赵雪雁，雒丽，等.高寒生态脆弱区气候变化对农户生计的脆弱性影响评价——以甘南高原为例[J].生态学杂志，2016，35（03）：781-790.

[46] 黄晓军，王博，刘萌萌，等.中国城市高温特征及社会脆弱性评价[J].地理研究，2020，39（07）：1534-1547.

[47] 黄建毅，苏飞.城市灾害社会脆弱性研究热点问题评述与展望[J].地理科学，2017，37（08）：1211-1217.

[48] 任国平，郑慧开，尹罡，等.都市郊区社会——生态系统脆弱性时空演变特征及其流要素影响研究[J].地理科学进展，2024，43（03）：531-544.

[49] 薛倩，谢苗苗，郭强，等.地理学视角下城市高温热浪脆弱性评估研究进展[J].地理科学进展，2020，39（04）：685-694.

[50] 郭梨，李冰洁，杨震.矿产资源开发视角下基于SRP模型的秦岭"生命共同体"生态脆弱性评价[J].安全与环境工程，2023，30（05）：273-280.

[51] 田鹏，李加林，姜忆湄，等.海湾景观生态脆弱性及其对人类活动的响应——以东海区为例[J].生态学报，2019，39（04）：1463-1474.

[52] 向爱盟，岳启发，赵筱青，等.西南喀斯特山区国土空间生态修复关键区识别及修复分区——以开远市为例[J].中国环境科学，2023，43（12）：6571-6582.

[53] 姚雄，余坤勇，刘健，等.南方水土流失严重区的生态脆弱性时空演变[J].应用生态学报，2016，27（03）：735-745.

[54] 王志杰，苏嫒.南水北调中线汉中市水源地生态脆弱性评价与特征分析[J].生态学报，2018，38（02）：432-442.

[55] 卫宇曦，刘小鹏，冯康利，等.宁南脱贫地区社会—生态系统脆弱

性及其影响因素[J].水土保持研究，2023，30（04）：365-372.

[56] 尹莎，陈佳，杨新军.社会—生态系统重构背景下农户适应行为及影响机理[J].人文地理，2020，35（02）：112-121.

[57] 唐红林，陈佳，常翔儑，等.政策变迁背景下干旱区乡村适应演化特征与农户生计响应——以甘肃省民勤县为例[J].西北大学学报（自然科学版），2022，52（04）：628-642.

[58] Islam M F, Bhattacharya B, Popescu I. Flood risk assessment due to cyclone-induced dike breaching in coastal areas of Bangladesh[J]. *Nat. Hazards Earth Syst. Sci.*, 2019,19（2）：353-368.

[59] 戚宝正，杨海镇，周华坤，等.基于GIS的青藏高原生态服务功能定量评价[J].生态科学，2023，42（01）：187-196.

[60] Peng Y, Welden N, Renaud F G. A framework for integrating ecosystem services indicators into vulnerability and risk assessments of deltaic social-ecological systems[J]. *Journal of Environmental Management*, 2023（326）：116682.

[61] 纪晓东，薛晔，薛崇义.煤层气开发社会生态环境风险评价研究：基于ISM的可达矩阵与FCM模型[J].中国矿业，2021，30（01）：64-70.

[62] Tu J, Luo S, Yang Y, et al. Spatiotemporal Evolution and the Influencing Factors of Tourism-Based Social-Ecological System Vulnerability in the Three Gorges Reservoir Area, China: Sustainability[Z]. 2021: 13.

[63] 吴雪婧，于小兵，钱宇.自然灾害如何影响农户的贫困脆弱性——基于CFPS微观数据的实证分析[J].农业技术经济，2022（06）：46-60.

[64] 卫宇曦，刘小鹏，冯康利，等.宁南脱贫地区社会-生态系统脆弱性及其影响因素[J].水土保持研究，2023，30（04）：365-372.

[65] 臧旭恒，项泽兵.中国家庭经济风险的测度研究——基于经济脆弱性的视角[J].南方经济，2023（12）：1-18.

[66] Elsharouny M R M M. Planning Coastal Areas and Waterfronts for Adaptation to Climate Change in Developing Countries[J]. *Procedia Environmental Sciences*, 2016（34）：348-359.

[67] Han Z, Ma H. Adaptability Assessment and Analysis of Temporal and

Spatial Differences of Water–Energy–Food System in Yangtze River Delta in China: Sustainability[Z]. 2021: 13.

[68] Smit B, Wandel J. Adaptation, adaptive capacity and vulnerability[J]. *Global Environmental Change*, 2006,16（3）: 282–292.

[69] Porter S. Evolution: Symbiont switching and environmental adaptation[J]. *Current Biology*, 2021,31（17）: R1049–R1050.

[70] 刘洋."双碳"目标下我国农业增汇减排的路径与潜力[J].农业经济, 2023（11）: 120–122.

[71] Wilbanks T J, Zimmerman R, Julius S, et al. Toward indicators of the performance of US infrastructures under climate change risks[J]. *Climatic Change*, 2020,163（4）: 1795–1813.

[72] Sun M, Xu X, Wang L, et al. Stable energy, energy inequality, and climate change vulnerability in Pan–Third Pole regions: Empirical analysis in cross–national rural areas[J]. *Renewable and Sustainable Energy Reviews*, 2021（147）: 111197.

[73] Pedersen Zari M, Blaschke P M, Jackson B, et al. Devising urban ecosystem–based adaptation（EbA）projects with developing nations: A case study of Port Vila, Vanuatu[J]. *Ocean & Coastal Management*, 2020（184）: 105037.

[74] Gonçalves C H J C J. On the development of a regional climate change adaptation plan: Integrating model–assisted projections and stakeholders' perceptions[J]. *Science of The Total Environment*, 2022（805）: 150320.

[75] 梁晨, 曾坚, 辛儒鸿.城市边缘区的生态适应性演进: 困境反思与范式转型[J].城市问题, 2023（07）: 13–20.

[76] 刘丽梅, 吕君, 焦凌云, 等.乡村旅游示范县创建背景下农牧户参与旅游适应性研究[J].地理科学进展, 2023, 42（08）: 1651–1666.

[77] 匡远配, 纪玉昭.城镇安置模式下易地搬迁农民社会适应性研究——基于湖南省445个微观农户数据[J].湖南农业大学学报（社会科学版）, 2023, 24（01）: 54–63.

[78] 龚艳青, 谭荣."社会—生态系统"治理研究的原型分析: 概念、

方法和展望[J].地理科学进展，2021，40（08）：1430-1438.

[79] 王凯歌，郑慧慧，徐艳，等.社会—生态系统结构研究进展与网络化探索[J].地理科学进展，2022，41（12）：2383-2395.

[80] Walker B., Holling C.S., Carpenter S. R., et al. Resilience, adaptability and transformability in social-ecological systems[J]. *Ecology and society*, 2004,9（2）：1-9.

[81] 郝韦霞.基于复杂适应系统理论的生态预算在我国的适应性演化研究[J].系统科学学报，2015，23（02）：94-97.

[82] Adams R M. Theory of Culture Change. The Methodology of Multilinear Evolution. Julian H. Steward. University of Illinois Press, Urbana, 1955. 244 pp., 5 tables. $4.00.[J]. *American Antiquity*, 1956,22（2Part 1）：195-196.

[83] 吴传钧.论地理学的研究核心——人地关系地域系统[J].经济地理，1991（03）：1-6.

[84] 尹莎，杨新军，陈佳.人地系统适应性研究进展：概念、理论框架与方法[J].地理科学进展，2021，40（02）：330-342.

[85] Cutter S L, Barnes L, Berry M, et al. A place-based model for understanding community resilience to natural disasters[J]. *Global Environmental Change*, 2008,18（4）：598-606.

[86] 陈楠，郝庆升.基于PSR模型和熵权法的家庭农场创业环境综合评价——以吉林省为例[J].中国农业资源与区划，2018，39（08）：176-183.

[87] 李可昕，胡宏，赵慧敏.基于适应性循环理论与压力—状态—响应框架的区域社会-生态系统演进研究[J].生态学报，2022，42（24）：10164-10179.

[88] 邢玉冠，杨道玲.基于"动力—状态—响应"模型的京津冀产业创新能力评价[J].科技管理研究，2022，42（14）：33-42.

[89] 董媛媛.基于DPSEEA模型构建生物安全评价体系：以深圳市为例[J].生物多样性，2021，29（11）：1530-1538.

[90] 杨保清，李贵才，刘青.基于DPSRC模型的国际社区社会韧性评价分析——以广州小北16个国际社区为例[J].地域研究与开发，2020，39（05）：70-75.

[91] 李强，安子琪，魏建飞.基于DPSIR-EES模型的京津冀国土空间生态安全评价及空间相关性分析[J].生态经济，2023，39（11）：156-161.

[92] 陈磊，姜海.基于改进PSR模型的城市土地利用警情判别研究——以南京市为例[J].地域研究与开发，2021，40（01）：175-180.

[93] 刘焱序，王仰麟，彭建，等.基于生态适应性循环三维框架的城市景观生态风险评价[J].地理学报，2015，70（07）：1052-1067.

[94] 张玉泽，张俊玲，程钰等.山东省经济、社会与生态系统协调发展及空间格局研究[J].生态经济，2016，32（10）：51-56.

[95] 方洁茸，周世健，多玲花等.环鄱阳湖生态经济区经济—社会—生态系统耦合关系时空演化研究[J].上海国土资源，2022，43（02）：19-24.

[96] 熊小菊，廖春贵，胡宝清.广西西江流域经济-社会-生态系统协调发展研究[J].人民长江，2019，50（04）：86-93+116.

[97] 任国平，刘黎明，李洪庆等.都市水源区村域社会—生态系统脆弱性空间分异的地理影响模式——以上海市青浦区为例[J].地理科学，2021，41（08）：1469-1478.

[98] 黄磊，吴传清，文传浩.三峡库区环境——经济—社会复合生态系统耦合协调发展研究[J].西部论坛，2017，27（04）：83-92.

[99] 张文爱，王俊然.经济—生态—社会复合系统的耦合协调发展研究——对重庆的实证检验[J].重庆理工大学学报（社会科学），2021，35（02）：39-49.

[100] 秦涛，朱庆福，朱彩霞等.新疆荒漠化治理与社会—经济—生态高质量发展耦合机制研究[J].生态经济，2023，39（07）：201-208.

[101] 张冰，李阳兵，夏春华等.土地利用转型背景下社会经济—生态环境耦合协调研究：以长江沿岸城市为例[J].生态与农村环境学报，2023，39（04）：436-449.

[102] 初雪，陈兴鹏，贾卓等.欠发达地区经济、社会和生态系统的协调发展研究——以甘肃省崇信县为例[J].干旱区资源与环境，2017，31（10）：13-18.

[103] 郝梦露，彭守璋.宁南山区生态环境与社会经济的耦合协调发展[J].水土保持通报，2021，41（05）：319-326+372.

[104] 刘霞，刘辉，苏丽娟等.基于AHP—熵值综合赋权法的煤炭资源型城市生态—经济—社会协调发展分析——以鄂尔多斯市为例[J].生态科学，2023，42（03）：213-224.

[105] Charnes A, Cooper W W, Rhodes E. Measuring the efficiency of decision making units[J]. *European Journal of Operational Research*,1978,2（6）：429-444.

[106] 汪永生，李宇航，揭晓蒙等.中国海洋科技—经济—环境系统耦合协调的时空演化[J].中国人口·资源与环境，2020，30（08）：168-176.

[107] 王劲峰，徐成东.地理探测器：原理与展望[J].地理学报，2017，72（01）：116-134.

[108] 胡西武，黄蕾，张小义.青海省经济发展与生态保护协调性评估及影响因素分析[J].青藏高原论坛，2020（04）：38-48.

[109] 约日古丽卡斯木.艾比湖流域经济—生态系统耦合时空分异及影响因素研究[D].新疆大学，2019.

[110] 邹建琴，明庆忠，韦俊峰等.社会—生态耦合视角下城市旅游系统韧性时空演化及其影响因素[J].资源开发与市场，2023，39（03）：368-376.

[111] 陈芳，史慧敏，陈群.长三角绿色城镇化系统耦合协调度时空演变及其影响因素[J].中南林业科技大学学报（社会科学版），2022，16（02）：26-35.

[112] 李嘉艺，孙璁，郑曦.基于适应性循环理论的区域生态风险时空演变评估——以长江三角洲城市群为例[J].生态学报，2021，41（07）：2609-2621.

[113] 燕玲玲，高秉丽，徐彩仙，等.半干旱黄土丘陵区县域社会生态系统脆弱性时空变化及其影响因素——以定西市安定区为例[J].水土保持研究，2020，27（05）：373-380.

[114] 展亚荣，盖美.滨海旅游地社会—生态系统恢复力测度及协调发展研究[J].地域研究与开发，2018，37（05）：158-164.

[115] Wu D, Liu M. Assessing adaptability of the water resource system to social-ecological systems in the Beijing-Tianjin-Hebei region: Based on the DPSIR-TOPSIS framework[J]. *Chinese Journal of Population, Resources and*

Environment, 2022,20（3）：261-269.

[116] 王群，陆林，杨兴柱.千岛湖社会—生态系统恢复力测度与影响机理[J].地理学报，2015，70（05）：779-795.

[117] 贺小荣，刘源，阴姣姣.典型旅游城市社会—生态系统的弹性研究——以湖南省张家界市为例[J].水土保持通报，2022，42（01）：259-266.

[118] 杨小龙.寿宁县社会生态系统脆弱性与恢复力研究[D].福建师范大学，2021.

[119] 李观凤，焦华富，王群.干旱区文化旅游地社会—生态系统恢复力年际变化及影响因素——以甘肃省敦煌市为例[J].干旱区地理，2022，45（03）：935-945.

[120] 夏陈红，马东辉，郭小东，等.适应性循环视角下的国土空间适灾韧性机理与规划响应研究[J].城市发展研究，2024，31（02）：44-52.

[121] 常丽博，骆耀峰，刘金龙.哈尼族社会—生态系统对气候变化的脆弱性评估——以云南省红河州哈尼族农村社区为例[J].资源科学，2018，40（09）：1787-1799.

[122] 叶文丽，杨新军，吴孔森，等.黄土高原社会—生态系统恢复力时空变化特征与影响因素分析[J].干旱区地理，2022，45（03）：912-924.

[123] 孔伟，任亮，刘璐，等.京津冀生态涵养区旅游地社会—经济—生态系统脆弱性特征及其影响因素[J].水土保持通报，2020，40（04）：211-218.

[124] 施瑶，李嘉艺，高娜，等.气候变化背景下北京浅山区社会—生态系统脆弱性评估[J].北京林业大学学报，2020，42（04）：132-141.

[125] 阎姝伊，李嘉艺，王瑶函，等.浅山区乡镇社会—生态系统脆弱性演化与模拟——以北京平谷为例[J]生态学报，2022，42（17）：6912-6921.

[126] 吴文菁，陈佳颖，叶润宇，等.台风灾害下海岸带城市社会—生态系统脆弱性评估——大数据视角[J].生态学报，2019，39（19）：7079-7086.

[127] 张甜，周宝同，廖和平，等.重庆市乡村社会—生态系统恢复力测度与提升路径研究[J].西南大学学报（自然科学版），2022，44（11）：2-12.

[128] 尹莎.干旱环境胁迫下乡村适应性研究[D].西北大学，2018.

[129] 张宪超.数据聚类[M].北京：科学出版社，2017.

附　　录

附录A　淮河生态经济带社会生态系统适应性评价指标体系调研问卷（第一轮）

第一部分　专家基本情况

一、专家基本信息

姓名		性别	
年龄		学历	
技术职称		单位性质	
工作单位		工作年限	
研究方向		联系电话	

二、您对评价指标的判断依据

判断依据	依据程度		
	大	中	小
依据理论分析			
根据工作经验			
参考国内外文献			
直觉选择			

注：请根据实际情况，在相应的空格中打"√"。

第二部分　淮河生态经济带社会生态系统适应性评价指标体系函询问卷

一、淮河生态经济带社会生态系统适应性评价指标维度

维度＼选项	指标重要程度					修改意见
	很重要（5分）	重要（4分）	一般重要（3分）	不太重要（2分）	不重要（1分）	
社会子系统						
生态子系统						
建议增加维度指标（此栏添加的项目同样需要判断其重要程度，并在相应栏内打"√"）						

对于表1，您若还有其他意见或建议，请在这里填写：

二、淮河生态经济带社会生态系统适应性评价二级指标

维度 ＼ 选项	指标重要程度					修改意见
	很重要（5分）	重要（4分）	一般重要（3分）	不太重要（2分）	不重要（1分）	
压力						
状态						
响应						
建议增加维度指标（此栏添加的项目同样需要判断其重要程度，并在相应栏内打"√"）						

对于表2，您若还有其他意见或建议，请在这里填写：

三、淮河生态经济带社会生态系统适应性评价三级指标和评价要点

二级指标 ＼ 三级指标	评价要点	指标重要程度					修改意见
		很重要5分	重要4分	一般重要3分	不太重要2分	不重要1分	
社会压力	单位GDP能耗	衡量能源消耗强度					
	单位GDP表观二氧化碳排放量	衡量单位碳排放强度					
	失业率	衡量系统就业稳定程度					

二级指标	选项 三级指标	评价要点	指标重要程度					修改意见
			很重要 5分	重要 4分	一般重要 3分	不太重要 2分	不重要 1分	
社会状态	人均GDP	衡量人均经济水平						
	人均粮食产量	衡量农业发展稳定性						
	城镇化率	衡量系统城镇化进程						
	产业结构多样化指数	衡量产业结构平衡程度						
	路网密度	衡量地方道路通达性						
社会响应	科教投入占比	衡量公共服务水平						
	人均卫生机构床位数	衡量医疗卫生水平						
	城镇居民可支配收入	衡量居民经济条件						
	医疗保险参保率	衡量区域医疗福利水平						
生态压力	化肥使用量	衡量环境的污染程度						
	固体废物排放量	衡量系统的压迫作用						
	二氧化硫排放量	衡量环境压迫强度						
	人口密度	衡量系统压力状态						
生态状态	植被覆盖指数（NDVI）	衡量系统自然条件						

续表

二级指标	选项 三级指标	评价要点	指标重要程度					修改意见
			很重要 5分	重要 4分	一般重要 3分	不太重要 2分	不重要 1分	
生态状态	年平均气温	反映系统气温水平						
	空气质量优良比例	反映系统大气水平						
	年平均降水量	反映系统降水水平						
生态响应	造林面积	衡量对环境支持力度						
	生活垃圾无害处理率	衡量区域生态治理力度						
	污水处理厂集中处理率	衡量工业治理力度						
建议增加维度指标 （此栏添加的项目同样需要判断其重要程度，并在相应栏内打"√"）								

对于表3，您若还有其他意见或建议，请在这里填写：

附录B 淮河生态经济带社会生态系统适应性评价指标体系调研问卷（第二轮）

第一部分 填表说明

1.经过第一轮专家咨询，根据专家意见对指标条目进行调整，删去两个指标，合并4个指标，增加两个指标"气候适宜度"和"环境污染系数"，将总指标数量缩减为19个。

2.为了和第一轮问卷结果具有可比性，在附上原始条目和修改条目的同时，我们也给出了第一轮问卷中专家对每个指标重要性评分的平均值、最大值、最小值、满分比和变异系数以供专家进行重要度评分。

第二部分 淮河生态经济带社会生态系统适应性评价指标体系函询问卷

一、淮河生态经济带社会生态系统适应性评价一级指标

原始指标	第一轮专家问卷咨询结果					本轮评分	如果您不同意新的条目修改方案，请给出您的理由
	平均值	最小值	最大值	满分比	变异系数		
社会子系统	4.73	3	5	81.8%	13.68%		
生态子系统	4.55	3	5	72.7%	18.02%		

针对上述指标条目，专家意见较统一，无修改指标

对于表 1，您若还有其他意见或建议，请在这里填写：

二、淮河生态经济带社会生态系统适应性评价二级指标

原始指标	第一轮专家问卷咨询结果					本轮评分	如果您不同意新的条目修改方案，请给出您的理由
	平均值	最小值	最大值	满分比	变异系数		
压力	4.45	3	5	63.6%	18.43%		
状态	4.55	3	5	63.6%	15.12%		
响应	4.55	4	5	54.5%	11.47%		

针对上述指标条目，专家意见较统一，无修改指标

对于表2，您若还有其他意见或建议，请在这里填写：

三、淮河生态经济带社会生态系统适应性评价三级指标

二级指标	三级指标原始条目	修改后指标	评价要点	是否同意修改	第一轮专家问卷咨询结果					本轮评分	如果您不同意新的条目修改方案，请给出您的理由
					平均值	最小值	最大值	满分比	变异系数		
社会压力	单位GDP能耗		衡量能源消耗强度		4.09	1	5	45.5%	29.85%		
	单位GDP表观二氧化碳排放量		衡量单位碳排放强度		4.55	4	5	54.5%	11.47%		

续表

二级指标	三级指标原始条目	修改后指标	评价要点	是否同意修改	第一轮专家问卷咨询结果					本轮评分	如果您不同意新的条目修改方案，请给出您的理由
					平均值	最小值	最大值	满分比	变异系数		
	失业率		衡量系统就业稳定程度		4.09	2	5	36.4%	23.08%		
社会状态	人均GDP		衡量人均经济水平		4.45	3	5	54.5%	15.46%		
	人均粮食产量		衡量农业发展稳定性		4.09	3	5	27.3%	17.14%		
	城镇化率		衡量系统城镇化进程		4.36	3	5	45.5%	15.46%		
	产业结构多样化指数		衡量产业结构平衡程度		4.27	3	5	45.5%	18.41%		
社会响应	科教投入占比		衡量公共服务水平		4.45	4	5	45.5%	11.73%		
	人均卫生机构床位数		衡量医疗卫生水平		4.27	2	5	63.6%	25.85%※		

续表

二级指标	三级指标原始条目	修改后指标	评价要点	是否同意修改	第一轮专家问卷咨询结果					本轮评分	如果您不同意新的条目修改方案，请给出您的理由
					平均值	最小值	最大值	满分比	变异系数		
生态压力	城镇居民可支配收入		衡量居民经济条件		4.27	3	5	45.5%	18.41%		
	化肥使用量		衡量环境的污染程度		4.36	4	5	36.4%	11.58%		
	固体废物排放量	环境污染指数	衡量系统对环境的压迫程度								
	二氧化硫排放量										
	人口密度		衡量系统压力状态		4.82	4	5	81.8%	8.40%		
生态状态	植被覆盖指数（NDVI）		衡量系统自然条件		4.82	4	5	81.8%	8.40%		
	年平均气温	气候适宜度	衡量系统宜居水平								
	年平均降水量										
	空气质量优良比例		反映系统大气水平		4.36	3	5	45.5%	15.46%		

续表

二级指标	三级指标原始条目	修改后指标	评价要点	是否同意修改	第一轮专家问卷咨询结果					本轮评分	如果您不同意新的条目修改方案，请给出您的理由
					平均值	最小值	最大值	满分比	变异系数		
生态响应	造林面积		衡量对环境支持力度		4.73	4	5	72.7%	9.87%		
	生活垃圾无害处理率		衡量区域生态治理力度		4.45	3	5	54.5%	15.46%		
	污水处理厂集中处理率		衡量工业治理力度		4.27	3	5	36.4%	15.15%		

对于表3，您若还有其他意见或建议，请在这里填写：

附录C　淮河生态经济带社会子系统适应性指数

城市	2005	2006	2007	2008	2009	2010	2011	2012
蚌埠市	0.119	0.134	0.141	0.160	0.173	0.193	0.221	0.241
亳州市	0.071	0.091	0.096	0.113	0.124	0.144	0.158	0.169
滁州市	0.119	0.131	0.141	0.158	0.168	0.186	0.215	0.220
阜阳市	0.080	0.084	0.094	0.110	0.121	0.132	0.153	0.170
菏泽市	0.085	0.094	0.110	0.129	0.146	0.163	0.184	0.202

续表

城市	2005	2006	2007	2008	2009	2010	2011	2012
淮安市	0.122	0.136	0.155	0.168	0.183	0.208	0.237	0.266
淮北市	0.131	0.146	0.152	0.178	0.186	0.203	0.224	0.227
淮南市	0.109	0.131	0.136	0.166	0.175	0.189	0.213	0.232
济宁市	0.121	0.134	0.154	0.174	0.185	0.201	0.229	0.268
连云港市	0.095	0.112	0.132	0.144	0.158	0.172	0.199	0.232
临沂市	0.119	0.127	0.154	0.175	0.187	0.204	0.228	0.237
六安市	0.074	0.086	0.103	0.113	0.129	0.143	0.157	0.169
漯河市	0.096	0.119	0.141	0.157	0.159	0.175	0.189	0.217
南阳市	0.085	0.099	0.115	0.127	0.136	0.147	0.164	0.183
平顶山市	0.102	0.114	0.132	0.155	0.167	0.189	0.206	0.221
商丘市	0.087	0.099	0.113	0.127	0.136	0.147	0.163	0.175
宿迁市	0.075	0.097	0.113	0.122	0.136	0.163	0.185	0.203
宿州市	0.069	0.082	0.076	0.112	0.117	0.130	0.152	0.173
随州市	0.086	0.087	0.100	0.117	0.131	0.145	0.158	0.180
泰州市	0.153	0.158	0.176	0.192	0.212	0.239	0.268	0.297
孝感市	0.091	0.089	0.100	0.114	0.129	0.136	0.154	0.171
信阳市	0.080	0.093	0.109	0.119	0.132	0.143	0.165	0.178
徐州市	0.107	0.124	0.138	0.151	0.166	0.192	0.219	0.245
盐城市	0.127	0.144	0.159	0.171	0.188	0.211	0.235	0.261
扬州市	0.154	0.175	0.194	0.208	0.229	0.255	0.286	0.308
枣庄市	0.123	0.139	0.148	0.166	0.177	0.191	0.213	0.234
周口市	0.074	0.088	0.105	0.122	0.124	0.132	0.147	0.165
驻马店市	0.079	0.095	0.116	0.122	0.143	0.156	0.166	0.182
总权重	0.101	0.115	0.129	0.145	0.158	0.175	0.196	0.215

续表

城市	2013	2014	2015	2016	2017	2018	2019	2020
蚌埠市	0.253	0.275	0.296	0.312	0.314	0.335	0.365	0.388
亳州市	0.165	0.186	0.199	0.219	0.215	0.232	0.259	0.281
滁州市	0.227	0.249	0.266	0.278	0.280	0.306	0.362	0.391
阜阳市	0.180	0.202	0.211	0.225	0.231	0.245	0.274	0.286
菏泽市	0.219	0.226	0.238	0.254	0.262	0.273	0.291	0.304
淮安市	0.285	0.311	0.328	0.349	0.346	0.368	0.390	0.407
淮北市	0.247	0.270	0.279	0.282	0.296	0.314	0.335	0.360
淮南市	0.245	0.256	0.298	0.258	0.266	0.288	0.302	0.320
济宁市	0.277	0.277	0.297	0.302	0.304	0.319	0.327	0.340
连云港市	0.236	0.258	0.277	0.306	0.308	0.327	0.343	0.355
临沂市	0.251	0.261	0.269	0.280	0.272	0.284	0.296	0.313
六安市	0.172	0.187	0.186	0.210	0.212	0.228	0.249	0.274
漯河市	0.231	0.252	0.270	0.275	0.279	0.292	0.321	0.336
南阳市	0.200	0.218	0.233	0.246	0.261	0.269	0.302	0.311
平顶山市	0.230	0.241	0.256	0.270	0.272	0.291	0.279	0.290
商丘市	0.186	0.205	0.219	0.226	0.228	0.243	0.274	0.261
宿迁市	0.214	0.237	0.259	0.276	0.304	0.325	0.343	0.354
宿州市	0.175	0.199	0.215	0.233	0.226	0.247	0.268	0.290
随州市	0.192	0.217	0.239	0.250	0.240	0.258	0.277	0.282
泰州市	0.314	0.347	0.369	0.395	0.408	0.437	0.454	0.447
孝感市	0.189	0.219	0.232	0.247	0.252	0.270	0.292	0.298
信阳市	0.184	0.199	0.213	0.223	0.239	0.258	0.255	0.274
徐州市	0.252	0.284	0.299	0.321	0.321	0.342	0.363	0.366
盐城市	0.277	0.309	0.329	0.345	0.346	0.362	0.378	0.386

续表

城市	2013	2014	2015	2016	2017	2018	2019	2020
扬州市	0.327	0.354	0.375	0.396	0.415	0.440	0.466	0.485
枣庄市	0.248	0.258	0.272	0.286	0.300	0.300	0.293	0.303
周口市	0.181	0.191	0.212	0.215	0.215	0.235	0.258	0.261
驻马店市	0.194	0.216	0.225	0.243	0.237	0.259	0.286	0.267
总权重	0.227	0.247	0.263	0.276	0.28	0.298	0.318	0.330

附录D　淮河生态经济带生态子系统适应性指数

城市	2005	2006	2007	2008	2009	2010	2011	2012
蚌埠市	0.190	0.189	0.200	0.197	0.199	0.199	0.212	0.210
亳州市	0.195	0.199	0.211	0.209	0.209	0.208	0.208	0.214
滁州市	0.238	0.237	0.244	0.235	0.249	0.236	0.260	0.248
阜阳市	0.191	0.179	0.189	0.186	0.180	0.169	0.168	0.162
菏泽市	0.162	0.206	0.214	0.205	0.189	0.172	0.190	0.154
淮安市	0.191	0.214	0.224	0.205	0.224	0.184	0.193	0.199
淮北市	0.174	0.190	0.200	0.198	0.198	0.195	0.207	0.201
淮南市	0.203	0.213	0.221	0.211	0.203	0.207	0.225	0.223
济宁市	0.215	0.198	0.210	0.204	0.208	0.175	0.195	0.206
连云港市	0.219	0.232	0.236	0.227	0.234	0.210	0.213	0.217
临沂市	0.176	0.196	0.246	0.241	0.243	0.239	0.278	0.254
六安市	0.226	0.223	0.236	0.222	0.240	0.241	0.256	0.272

续表

城市	2005	2006	2007	2008	2009	2010	2011	2012
漯河市	0.173	0.178	0.182	0.195	0.173	0.174	0.185	0.178
南阳市	0.268	0.274	0.199	0.338	0.382	0.285	0.345	0.354
平顶山市	0.196	0.214	0.193	0.191	0.236	0.212	0.205	0.200
商丘市	0.162	0.165	0.172	0.214	0.219	0.190	0.175	0.153
宿迁市	0.189	0.202	0.214	0.201	0.206	0.175	0.188	0.199
宿州市	0.181	0.192	0.198	0.195	0.201	0.198	0.209	0.209
随州市	0.263	0.268	0.282	0.277	0.289	0.288	0.300	0.290
泰州市	0.194	0.210	0.206	0.214	0.195	0.188	0.190	0.199
孝感市	0.227	0.228	0.229	0.230	0.236	0.242	0.241	0.252
信阳市	0.294	0.276	0.238	0.309	0.344	0.310	0.283	0.276
徐州市	0.164	0.175	0.184	0.182	0.169	0.143	0.166	0.157
盐城市	0.200	0.214	0.218	0.211	0.229	0.206	0.207	0.243
扬州市	0.194	0.204	0.201	0.208	0.223	0.221	0.236	0.216
枣庄市	0.175	0.187	0.211	0.198	0.194	0.191	0.198	0.187
周口市	0.152	0.163	0.163	0.235	0.204	0.161	0.155	0.154
驻马店市	0.245	0.224	0.265	0.287	0.262	0.224	0.233	0.205
总权重	0.202	0.209	0.214	0.222	0.226	0.209	0.219	0.215

城市	2013	2014	2015	2016	2017	2018	2019	2020
蚌埠市	0.221	0.239	0.221	0.211	0.210	0.194	0.204	0.208
亳州市	0.215	0.229	0.226	0.210	0.208	0.200	0.202	0.199
滁州市	0.364	0.287	0.291	0.273	0.277	0.260	0.274	0.297
阜阳市	0.183	0.197	0.186	0.176	0.166	0.163	0.161	0.176
菏泽市	0.161	0.194	0.191	0.160	0.171	0.171	0.199	0.198
淮安市	0.185	0.191	0.191	0.186	0.193	0.196	0.207	0.208

续表

城市	2013	2014	2015	2016	2017	2018	2019	2020
淮北市	0.215	0.223	0.201	0.196	0.195	0.187	0.197	0.201
淮南市	0.223	0.252	0.228	0.199	0.188	0.189	0.194	0.206
济宁市	0.203	0.200	0.197	0.185	0.196	0.186	0.171	0.172
连云港市	0.212	0.231	0.200	0.188	0.201	0.220	0.253	0.225
临沂市	0.240	0.234	0.236	0.186	0.190	0.190	0.184	0.180
六安市	0.311	0.265	0.277	0.280	0.312	0.308	0.286	0.274
漯河市	0.162	0.188	0.166	0.167	0.173	0.164	0.179	0.190
南阳市	0.376	0.359	0.255	0.358	0.333	0.321	0.310	0.293
平顶山市	0.180	0.177	0.176	0.215	0.237	0.204	0.203	0.212
商丘市	0.148	0.173	0.144	0.139	0.141	0.136	0.155	0.164
宿迁市	0.187	0.199	0.192	0.182	0.185	0.191	0.195	0.207
宿州市	0.213	0.233	0.222	0.222	0.226	0.208	0.224	0.209
随州市	0.291	0.309	0.310	0.319	0.330	0.278	0.264	0.270
泰州市	0.186	0.182	0.185	0.177	0.182	0.185	0.195	0.197
孝感市	0.270	0.265	0.260	0.261	0.263	0.259	0.272	0.252
信阳市	0.294	0.309	0.265	0.244	0.269	0.293	0.300	0.314
徐州市	0.146	0.157	0.153	0.139	0.137	0.150	0.148	0.186
盐城市	0.196	0.214	0.214	0.197	0.209	0.222	0.230	0.218
扬州市	0.192	0.203	0.204	0.193	0.193	0.194	0.207	0.207
枣庄市	0.175	0.201	0.201	0.171	0.186	0.179	0.175	0.169
周口市	0.151	0.159	0.150	0.134	0.136	0.131	0.145	0.149
驻马店市	0.219	0.216	0.196	0.217	0.239	0.212	0.206	0.206
总权重	0.218	0.224	0.212	0.207	0.212	0.207	0.212	0.214

附录E　淮河生态经济带社会生态系统
适应性指数

城市	2005	2006	2007	2008	2009	2010	2011	2012
蚌埠市	0.154	0.161	0.170	0.178	0.186	0.196	0.217	0.225
亳州市	0.133	0.145	0.153	0.161	0.167	0.176	0.183	0.191
滁州市	0.178	0.184	0.192	0.197	0.209	0.211	0.237	0.234
阜阳市	0.136	0.132	0.141	0.148	0.150	0.151	0.161	0.166
菏泽市	0.123	0.150	0.162	0.167	0.168	0.167	0.187	0.178
淮安市	0.157	0.175	0.190	0.187	0.203	0.196	0.215	0.233
淮北市	0.153	0.168	0.176	0.188	0.192	0.199	0.216	0.214
淮南市	0.156	0.172	0.179	0.189	0.189	0.198	0.219	0.227
济宁市	0.168	0.166	0.182	0.189	0.197	0.188	0.212	0.237
连云港市	0.157	0.172	0.184	0.186	0.196	0.191	0.206	0.225
临沂市	0.148	0.162	0.200	0.208	0.215	0.222	0.253	0.246
六安市	0.150	0.155	0.169	0.168	0.184	0.192	0.207	0.221
漯河市	0.134	0.148	0.161	0.176	0.166	0.175	0.187	0.198
南阳市	0.176	0.186	0.157	0.232	0.259	0.216	0.255	0.269
平顶山市	0.149	0.164	0.163	0.173	0.201	0.201	0.206	0.211
商丘市	0.125	0.132	0.142	0.170	0.177	0.168	0.169	0.164
宿迁市	0.132	0.149	0.163	0.162	0.171	0.169	0.186	0.201
宿州市	0.125	0.137	0.137	0.153	0.159	0.164	0.181	0.191

续表

城市	2005	2006	2007	2008	2009	2010	2011	2012
随州市	0.175	0.178	0.191	0.197	0.210	0.217	0.229	0.235
泰州市	0.173	0.184	0.191	0.203	0.203	0.213	0.229	0.248
孝感市	0.159	0.158	0.164	0.172	0.183	0.189	0.197	0.211
信阳市	0.187	0.184	0.173	0.214	0.238	0.226	0.224	0.227
徐州市	0.135	0.150	0.161	0.166	0.168	0.168	0.193	0.201
盐城市	0.163	0.179	0.188	0.191	0.208	0.208	0.221	0.252
扬州市	0.174	0.190	0.197	0.208	0.226	0.238	0.261	0.262
枣庄市	0.149	0.163	0.180	0.182	0.185	0.191	0.205	0.211
周口市	0.113	0.125	0.134	0.179	0.164	0.146	0.151	0.160
驻马店市	0.162	0.159	0.190	0.205	0.202	0.190	0.200	0.194
总权重	0.152	0.162	0.171	0.184	0.192	0.192	0.207	0.215

城市	2013	2014	2015	2016	2017	2018	2019	2020
蚌埠市	0.237	0.257	0.258	0.262	0.262	0.264	0.284	0.298
亳州市	0.190	0.208	0.213	0.214	0.211	0.216	0.231	0.240
滁州市	0.296	0.268	0.278	0.276	0.279	0.283	0.318	0.344
阜阳市	0.181	0.199	0.198	0.201	0.199	0.204	0.218	0.231
菏泽市	0.190	0.210	0.214	0.207	0.217	0.222	0.245	0.251
淮安市	0.235	0.251	0.260	0.268	0.270	0.282	0.298	0.307
淮北市	0.231	0.246	0.240	0.239	0.246	0.250	0.266	0.281
淮南市	0.234	0.254	0.263	0.229	0.227	0.238	0.248	0.263
济宁市	0.240	0.238	0.247	0.244	0.250	0.252	0.249	0.256

城市	2013	2014	2015	2016	2017	2018	2019	2020
连云港市	0.224	0.244	0.239	0.247	0.254	0.273	0.298	0.290
临沂市	0.246	0.247	0.252	0.233	0.231	0.237	0.240	0.247
六安市	0.241	0.226	0.232	0.245	0.262	0.268	0.267	0.274
漯河市	0.197	0.220	0.218	0.221	0.226	0.228	0.250	0.263
南阳市	0.288	0.288	0.244	0.302	0.297	0.295	0.306	0.302
平顶山市	0.205	0.209	0.216	0.243	0.254	0.247	0.241	0.251
商丘市	0.167	0.189	0.182	0.182	0.184	0.189	0.214	0.213
宿迁市	0.201	0.218	0.225	0.229	0.244	0.258	0.269	0.281
宿州市	0.194	0.216	0.219	0.227	0.226	0.228	0.246	0.249
随州市	0.242	0.263	0.274	0.284	0.285	0.268	0.271	0.276
泰州市	0.250	0.265	0.277	0.286	0.295	0.311	0.325	0.322
孝感市	0.230	0.242	0.246	0.254	0.257	0.265	0.282	0.275
信阳市	0.239	0.254	0.239	0.234	0.254	0.275	0.277	0.294
徐州市	0.199	0.220	0.226	0.230	0.229	0.246	0.256	0.276
盐城市	0.236	0.261	0.272	0.271	0.278	0.292	0.304	0.302
扬州市	0.260	0.279	0.289	0.295	0.304	0.317	0.337	0.346
枣庄市	0.211	0.230	0.236	0.229	0.243	0.239	0.234	0.236
周口市	0.166	0.175	0.181	0.175	0.176	0.183	0.201	0.205
驻马店市	0.206	0.216	0.211	0.230	0.238	0.235	0.246	0.237
总权重	0.223	0.236	0.237	0.241	0.246	0.252	0.265	0.272

附录F　淮河生态经济带社会系统适应性
主要影响因子

地区	项目	2005				2010			
蚌埠市	障碍因素	R4	S1	R3	P6	R4	S1	R3	P6
	障碍度%	34.47%	17.8%	9.51%	5.71%	34.31%	20.69%	12.48%	5.23%
亳州市	障碍因素	R4	S1	R3	P6	R4	S1	R2	R3
	障碍度%	27.97%	20.59%	10.62%	5.73%	28.51%	22.41%	11.51%	10.70%
滁州市	障碍因素	R4	S1	R3	R2	R4	S1	R3	R2
	障碍度%	32.58%	22.76%	12.56%	9.44%	32.27%	21.92%	13.77%	10.34%
阜阳市	障碍因素	S1	R4	R3	R2	R4	S1	R3	R2
	障碍度%	23.04%	22.29%	11.71%	10.58%	25.12%	20.95%	12.45%	9.84%
菏泽市	障碍因素	R4	S1	R3	R2	R4	S1	R3	P6
	障碍度%	22.98%	19.85%	12.21%	8.47%	20.12%	20.07%	13.03%	7.06%
淮安市	障碍因素	R4	S1	R3	R2	R4	S1	R3	R2
	障碍度%	33.22%	15.4%	8.89%	8.37%	34.28%	14.19%	11.75%	8.83%
淮北市	障碍因素	R4	S1	R3	P6	R4	S1	R3	P6
	障碍度%	35.53%	16.43%	10.47%	8.84%	36.20%	18.35%	13.38%	8.48%
淮南市	障碍因素	R4	S1	R3	S4	R4	S1	R3	S4
	障碍度%	35.32%	14.61%	10.33%	8.59%	34.62%	15.43%	12.61%	7.56%
济宁市	障碍因素	R4	S2	P6	S1	R4	S1	S2	P6
	障碍度%	19.03%	11.11%	10.54%	9.9%	28.98%	12.94%	8.31%	8.22%

续表

地区	项目	2005				2010			
连云港市	障碍因素	R4	S1	R2	S4	R4	S1	R3	R2
	障碍度%	23.32%	17.63%	9.35%	6.96%	23.27%	14.87%	11.73%	9.66%
临沂市	障碍因素	R4	S1	S2	R2	S1	S2	R4	S6
	障碍度%	31.87%	13.65%	10.46%	7.86%	23.44%	13.58%	11.41%	9.55%
六安市	障碍因素	R4	S1	R3	R2	R4	S1	R3	R2
	障碍度%	26.78%	22.01%	11.96%	10.51%	26.17%	22.66%	13.44%	9.78%
漯河市	障碍因素	R4	R3	S1	P6	R4	S1	R3	P6
	障碍度%	30.81%	11.78%	11.16%	10.69%	30.77%	13.50%	12.72%	10.42%
南阳市	障碍因素	S1	R3	R2	S2	S1	R3	R2	S2
	障碍度%	20.09%	15.72%	11.90%	9.99%	23.33%	15.55%	11.57%	10.21%
平顶山市	障碍因素	R4	S1	S2	P6	R4	S1	S2	P6
	障碍度%	27.10%	14.63%	11.36%	6.53%	26.01%	16.93%	12.54%	7.30%
商丘市	障碍因素	R4	S1	R3	R2	R4	S1	R3	R2
	障碍度%	23.69%	17.92%	12.77%	8.13%	20.40%	19.71%	13.36%	8.68%
宿迁市	障碍因素	R4	S1	R3	R2	R4	R3	S1	S4
	障碍度%	27.09%	17.34%	12.76%	8.66%	27.45%	15.51%	14.90%	7.21%
宿州市	障碍因素	R4	S1	R3	R2	R4	S1	R3	R2
	障碍度%	27.50%	19.53%	10.57%	10.02%	23.74%	21.36%	11.71%	10.36%
随州市	障碍因素	R4	S1	R3	R2	R4	S1	R3	R2
	障碍度%	24.59%	19.73%	15.91%	11.01%	22.70%	21.84%	13.72%	10.75%
泰州市	障碍因素	R4	P6	S2	R2	R4	P6	R2	S2
	障碍度%	39.26%	15.04%	8.44%	8.32%	38.47%	12.86%	9.90%	8.60%

续表

地区	项目	2005				2010			
孝感市	障碍因素	S1	R4	R3	R2	R4	S1	R3	R2
	障碍度%	20.57%	18.97%	13.33%	10.92%	22.79%	20.44%	13.02%	11.12%
信阳市	障碍因素	S1	R3	R2	R4	S1	R3	R2	S2
	障碍度%	25.01%	19.33%	13.23%	9.73%	24.67%	19.79%	14.67%	6.40%
徐州市	障碍因素	R4	S2	S1	P6	R4	S1	R3	S2
	障碍度%	27.45%	11.07%	11.03%	9.33%	27.97%	9.73%	9.08%	9.02%
盐城市	障碍因素	R4	S1	R2	P4	R4	S1	R2	R3
	障碍度%	31.70%	14.21%	9.89%	7.76%	23.58%	13.88%	10.76%	10.76%
扬州市	障碍因素	R4	P6	S2	R2	R4	P6	S2	R2
	障碍度%	45.17%	11.02%	10.06%	6.24%	41.04%	11.07%	10.35%	7.89%
枣庄市	障碍因素	R4	P6	S2	S4	R4	P6	S2	S1
	障碍度%	28.68%	10.77%	9.57%	7.48%	24.77%	9.93%	9.45%	9.16%
周口市	障碍因素	R4	S1	R3	R2	R4	S1	R3	P6
	障碍度%	21.08%	18.25%	14.42%	9.47%	20.18%	18.78%	14.61%	9.18%
驻马店市	障碍因素	S1	R3	R4	R2	R4	S1	R3	R2
	障碍度%	22.61%	16.41%	12.41%	10.72%	21.81%	21.71%	15.30%	7.88%

地区	项目	2015				2020			
蚌埠市	障碍因素	R4	S1	R3	S2	R4	S1	R3	P6
	障碍度%	32.75%	21.10%	11.96%	6.71%	40.33%	21.46%	6.47%	6.33%
亳州市	障碍因素	S1	R4	R3	R2	R4	S1	R2	R3
	障碍度%	22.59%	20.60%	13.18%	11.13%	29.36%	22.43%	10.60%	7.86%

续表

地区	项目	2015				2020			
滁州市	障碍因素	S1	R3	R4	R2	S1	R4	R3	R2
	障碍度%	27.00%	17.72%	12.19%	10.91%	25.32%	20.50%	12.92%	9.37%
阜阳市	障碍因素	S1	R4	R3	P6	R4	S1	P6	S2
	障碍度%	22.38%	21.65%	12.16%	10.05%	26.40%	22.86%	10.27%	8.04%
菏泽市	障碍因素	S1	R3	R4	P6	S1	R4	R3	P6
	障碍度%	20.42%	17.24%	15.13%	7.63%	23.86%	19.67%	11.85%	7.77%
淮安市	障碍因素	R4	S1	R3	S2	R4	S1	R2	R3
	障碍度%	38.03%	13.42%	9.13%	5.60%	39.40%	14.15%	10.96%	5.58%
淮北市	障碍因素	R4	S1	R3	S2	R4	S1	P6	R3
	障碍度%	33.96%	19.86%	11.53%	8.17%	36.66%	21.30%	7.89%	7.82%
淮南市	障碍因素	R4	S1	R3	S4	R4	S1	R2	R3
	障碍度%	36.09%	24.75%	8.83%	7.60%	31.47%	22.97%	7.03%	6.35%
济宁市	障碍因素	R4	S1	S2	R3	R4	S1	S2	P6
	障碍度%	17.32%	17.31%	10.63%	9.85%	28.40%	19.97%	7.81%	7.14%
连云港市	障碍因素	R4	S1	R3	R2	R4	S1	R2	R3
	障碍度%	25.99%	15.23%	11.65%	9.08%	23.13%	18.90%	11.01%	8.36%
临沂市	障碍因素	S1	S2	R3	S6	R4	S1	S2	S6
	障碍度%	24.01%	13.90%	9.34%	8.15%	28.17%	21.31%	9.85%	5.88%
六安市	障碍因素	S1	R4	R3	R2	R4	S1	R2	R3
	障碍度%	23.43%	19.95%	15.37%	11.09%	26.67%	25.86%	12.57%	9.59%
漯河市	障碍因素	R4	S1	R3	P6	R4	S1	P6	R3
	障碍度%	31.92%	16.85%	11.48%	10.36%	33.07%	17.30%	9.98%	8.83%

续表

地区	项目	2015				2020			
南阳市	障碍因素	S1	R3	R2	S2	S1	R3	S2	P4
	障碍度%	25.85%	14.30%	11.10%	10.18%	33.44%	12.47%	10.23%	9.34%
平顶山市	障碍因素	R4	S1	S2	R3	R4	S1	R3	S2
	障碍度%	28.58%	18.36%	10.17%	8.69%	26.71%	20.81%	12.36%	9.94%
商丘市	障碍因素	R4	S1	R3	P6	R4	S1	R2	R3
	障碍度%	24.39%	18.20%	11.16%	7.34%	22.61%	19.95%	10.11%	7.79%
宿迁市	障碍因素	R4	S1	R3	S4	R4	S1	R3	S4
	障碍度%	29.10%	15.20%	14.84%	7.91%	29.32%	16.76%	11.22%	9.08%
宿州市	障碍因素	S1	R4	R3	R2	R4	S1	R2	R3
	障碍度%	21.97%	21.42%	12.89%	9.66%	28.00%	22.81%	8.74%	8.04%
随州市	障碍因素	S1	R3	R4	S2	R4	S1	R3	R2
	障碍度%	24.03%	19.05%	10.58%	9.16%	32.99%	20.75%	11.43%	9.92%
泰州市	障碍因素	R4	P6	S2	R2	R4	P6	S2	R3
	障碍度%	45.00%	12.43%	10.13%	7.35%	45.43%	10.94%	10.24%	6.79%
孝感市	障碍因素	S1	R4	R3	S2	R4	S1	R2	S2
	障碍度%	23.63%	21.12%	12.44%	11.28%	28.59%	22.60%	10.47%	10.04%
信阳市	障碍因素	S1	R3	R2	R4	S1	R2	R3	S2
	障碍度%	22.48%	16.61%	13.84%	9.92%	29.89%	16.67%	14.35%	8.57%
徐州市	障碍因素	R4	R3	S1	S2	R4	S1	S2	P6
	障碍度%	31.80%	10.62%	10.07%	9.94%	22.87%	14.73%	9.76%	9.21%
盐城市	障碍因素	R4	S1	R3	S4	R4	S1	R2	S4
	障碍度%	31.75%	14.29%	10.13%	6.65%	33.59%	13.82%	9.30%	7.06%

续表

地区	项目	2015				2020			
扬州市	障碍因素	R4	S2	P6	R2	R4	S2	R2	P6
	障碍度%	48.71%	10.38%	9.65%	8.89%	50.06%	10.13%	9.81%	9.08%
枣庄市	障碍因素	R4	S1	R3	S2	R4	S1	S2	P6
	障碍度%	17.60%	14.32%	12.13%	11.44%	28.77%	20.17%	8.80%	8.09%
周口市	障碍因素	R4	S1	R3	P6	R4	S1	R3	R2
	障碍度%	21.07%	18.81%	14.06%	9.11%	24.42%	20.29%	10.00%	9.27%
驻马店市	障碍因素	R4	S1	R3	R2	R4	S1	R3	R2
	障碍度%	21.97%	19.79%	13.68%	8.31%	24.60%	21.59%	16.24%	6.41%

附录G　聚类代码

```
import pandas as pd
import re
import numpy as np
from sklearn.cluster import KMeans
from sklearn.decomposition import PCA


def analyze_and_classify(sheet_data):
    year_info = [re.findall(r'\d+', x)[0] for x in sheet_data.keys()[1:]]
```

```python
growth_rates = sheet_data.values[：, 1：].astype(float)

kmeans = KMeans(n_clusters=4)
labels = kmeans.fit_predict(growth_rates)
sheet_data['分类编号'] = labels

# 获取聚类中心点
center_points = kmeans.cluster_centers_

# 使用PCA将聚类中心点降到一维空间
pca = PCA(n_components=1)
center_points_1D = pca.fit_transform(center_points)

print('聚类中心点：')
for center in center_points_1D：
    print(center)

# 将 center_points_1D 的数据取出来放到一个一维列表中
data_list = center_points_1D.flatten().tolist()

# 对一维列表进行排序
sorted_data = sorted(data_list)
print('data_list：{}'.format(sorted_data))
# 根据排序后的数据，为每个分类分配标签
label_mapping = {}
for i, data in enumerate(sorted_data)：
    if i == 0：
        label_mapping[i] = '下降'
    elif i == 1：
        label_mapping[i] = '缓慢上升'
```

```
        elif i == 2：
            label_mapping[i] = '上升'
        else：
            label_mapping[i] = '快速上升'
```

    # 将分类标签映射应用于分类编号列
    sheet_data['得分特征'] = sheet_data['分类编号'].map(label_mapping)

    return sheet_data

filename = r'D：\work\时间序列.xlsx'
output_folder = r'D：\work\\'

data = pd.read_excel(filename, sheet_name=None)

for sheet_name, sheet_data in data.items()：
    analyzed_data = analyze_and_classify(sheet_data)
    output_filename = output_folder + 'output_{}.xlsx'.format(sheet_name)
    analyzed_data.to_excel(output_filename, sheet_name=sheet_name, index=False)